紅桌文化
UnderTable Press

紅桌文化
Under Table Press

老師，我可以叫你一聲爸爸嗎？

年輕人就像水一樣，
即便有時沸騰、
有時結冰，但是本質不變。

余浩瑋

推薦序
他們要的只是愛和陪伴

立委法員 尤美女

「老師，我可以叫你一聲爸爸嗎？」雖然童言童語，但聽來格外心酸。當我們很當然的擁有爸爸、媽媽及家庭生活，可是卻有小孩自出生即未見過爸爸、媽媽，從未享受過家庭生活，所以「風箏計劃」，他們的感想是我們正在學習「過家庭生活」，「學會和家人相處的感覺是什麼」。

當今（2017）年三月南投某一少年安置機構，爆發多名少年性侵害事件，一時間該機構被評鑑為丁等，加上媒體的撻伐，該機構被爆僅許可安置 20 人，卻收容了 87 人，究竟是疊羅漢，還是純因建物不合規定而不被計算收容數？社會局立刻令其停業，並安排將孩子一一送走，可想而知孩子的恐懼。這些因社會安全網破了洞，而未被接住的小孩，好不容易在機構內慢慢培養的信任感，一時間全部摧毀殆盡，難怪裁定法官站到第一線為該機構說公道話，又成了羅生門。正反意見紛爭擾攘，惟一可確定的是這些被安置的孩子再度受到傷害。

浩瑋，這位曾經年少輕狂的中輟生，抽煙喝酒、打架鬧事、頂撞師長、翹家放火樣樣來。在老師的帶領與陪伴，藝術走進他的世界，改變了他的命運。二十年後，中輟生成為人師。他想，如果藝術可以改變當初的荒唐少年郎，藝術是不是也可以影響跟他有過類似遭遇的青少年？因此秉持著「堅信用生命影響生命」的信念，在陳綢阿嬤的支持下，他帶著這些「風箏少年」踏上環島之旅，走進其他安置機構，在藝術培訓與表演中，陪伴少年生活、成長 100 天。

本書是中輟生老師與中輟生火爆交鋒的故事，從防衛、卸下心

防，到建立需要彼此小心呵護的信任，看見孩子的成長、老師們的努力；也有大人對於孩子的衝突、教育理念的反思與自我檢討；還收錄了少年們的真心告白。雖然只有 100 天，孩子還是會逃跑，遠離安置機構，但那一百天的找回自尊、自我、賦權、助人、經驗分享，已使他們成長，已在他們的心中埋下一顆善的種子，這顆種子期待有一天可以萌芽、茁壯。在本書中我亦找到了答案，其實就是「陪伴」和「賦權（empower）」。

浩瑋在本書中提出了很深入的少年安置的反思：「我們到底是要把這群年輕人打造成我們想看見的樣子？還是要和他們一起去探索生命的模樣呢？我想，我們只需要提供一個安全、舒適的環境，陪伴他們走在這條成長的道路上，生命自然會給彼此最好的回饋。」

「少年安置後的命運是如何決定的？答案是保護官、監護人與社工，所有『大人』加在一起的討論結果，孩子真正的想法往往被忽略，這正是少年處遇中經常發生的消權現象，孩子最終沒有參與決定的權力，只能乖乖的聽從安排。」

又如，讓「縣市長來擔任『監護人』，可想而知這些『監護人』真正來看孩子次數有多少，有也不過就是例行的吃個一頓飯，多數甚至零！更難奢望這些『紙上』監護人，能陪孩子聊聊天說說話，聽聽他們心裡面真正的想法。種種限制保護的結果，導致年輕生命的盼望與熱情一再被消磨，對自己很少抱持希望和信心。」

「安置體制所能給予的照顧，無非總是希望他們的生活都回到正軌，這是與『風箏計畫』截然不同的概念，我們更想讓孩子透過多樣生活體驗，得到更多的啟發，不必把他們塑造成同一個樣子。他們的天性質地就是與眾不同。如果他們能夠把自己的改變，帶回家園影響同儕，那我們就算完成了一個小小的目標了。」

雖然這只是一個小小的實驗計畫，但其中讓我們看到「安置機

構」的困境及種種法規的限制以及「保護」與「賦權」之間的辯證，
值此全面檢討司法安置輔導制度的當兒，本書確有振聾發聵的價值，
謹此特別推薦。

推薦序
牽繫

百齡高中校長 邱淑娟

看完《老師，我可以叫你一聲爸爸嗎？》，心情仍牽繫著風箏少年高張力的生命故事，腦海則回想到初識浩瑋的機緣：

「週六的夜晚，帶上最愛的美食與點心來到花博園區，配上沁涼的冰棒、聽蟲鳴迴盪在花博舞蝶館吹拂的涼風中……這聽來是一場美好的仲夏奇想，將在這樣自在的夜晚登場的，是什麼呢？這是 TEDxTaipeiED，一場知識與學習的盛宴！」就這樣，104 年 8 月 1 日週六的晚間，我和幾位學校師生坐在花博舞蝶館內，初次體驗「TEDxTaipei」，當天的主題為「ED 2015：Fun 學後」，講座包括我十分熟悉的幾位老師：推廣「學思達」的張輝誠、推動「閱讀素養」的黃國珍、扮演「台灣與國際繪本界接軌推手」的郝廣才……嗯，還有一位我全然陌生的余浩瑋……

這是誰？

好奇的我在開場前特地上網查，網站上這樣簡介余浩瑋：「戲劇浪人，青少年表演藝術聯盟」，文中表示他曾被貼上「浪子」標籤，抗拒著社會的眼光與攻擊，幸而從表演藝術中找到了自己的價值與成就，進而成立青藝盟，用生命說戲，用戲劇感動如斷線風箏般飄盪在社會中的中輟生們，探索他們的心靈，肯定他們的價值，讓他們在劇場中找到出路、改變人生！

這樣嗎？

不久之後，浩瑋上台了：他外表粗獷、聲音宏亮、口氣時而急切、時而理直氣壯，有坦承（只有國中畢業）、有呼籲（讓年輕人做自己）、有懇求（改變價值觀）、有感恩（感念改變他一生的老師）；

雖然只是上台說故事，但當晚他額頭臉上閃閃發亮的汗珠，加上脖子上披掛著一條黃色毛巾，讓他看起來倒像是碼頭上孜孜勞動的苦力。但是，這位自述在學生時代抽菸喝酒、打架鬧事、頂撞師長、蹺家放火、忤逆竊盜樣樣來的中輟生，卻是當晚最讓我感動以及印象深刻的說書人。

透過浩瑋的演說，我認識了他所發起的「花樣年華」與「風箏計畫」。浩瑋敘述「花樣」為一個體制外無形的學校，在過程中不只給年輕學子劇場的訓練，還會邀請不同的老師到劇場分享生命經驗，帶領年輕人探索與追逐生命的本質，培養他們獨立思考。「風箏」則是帶著被邊緣化的青少年走進全台各地的青少年安置機構、高中校園內的高關懷班、感化院等機構，用演講座談、音樂演唱、戲劇演出、營隊工作坊、創作演出等方式，和大家進行生命的對話與藝術的互動。

浩瑋毫不掩飾地揭露一個存在已久且難以突破的事實：體制內追求功利的、知識導向的機制正扼殺許多年輕人的思考與夢想。他自己就是在體制內跌跌撞撞，年輕時顛簸混亂的生命急著用錯誤的方式尋找出口，就彷彿是偏離路線、難以控制的風箏，時而暴衝、時而旋轉、時而飆揚，幸而遇到一位堅定牽引著那條線的老師，才得以讓風箏順利回航。

浩瑋走過風暴，現在的他成為一位拉著風箏的領航者，那條牽繫著他與風箏的線就是藝術創作與表演。他用自己生命故事來驗證藝術如何改變他的人生軌道，並且讓青少年透過藝術跟社會脈動連結、溝通與對話，藉由社會議題激發青少年獨立思考判斷的能力，進而有勇氣選擇他們想要的實踐，在未來成為有能力的人，不吝於分享愛與善良，讓世界會因他們而不同。藝術發揮責任與價值。

這些都不是空談，而是持續的行動。雖然「翻轉舊思維，真的

不容易」，但浩瑋勇往直前，在體制外協助青少年編織不一樣的夢想，並且受到許多肯定與支持。在粗獷外表下，浩瑋有顆柔軟的心，傾聽理解青少年生命的呼求，無私無悔地陪伴著需要他的人，那一聲「老師，我可以叫你一聲爸爸嗎？」讓一切辛苦都值得了！

　　身為第一線教育人員的我們，也一起用愛與陪伴，緊緊拉著那些正在空中徬徨、不知飛向何處的風箏線吧！

推薦序
改變從自我開始，你也可以影響別人

財團法人感恩社會福利基金會執行長 吳志毅

　　青少年表演藝術聯盟自 2001 年舉辦以來至今已邁入第十七屆「花樣」，透過戲劇的引導、推廣，讓所有參與的青少年「站在自己打造的舞台上發光發亮，完成青春歲月的第一個夢想」，透過夢想的實踐找到自己的興趣和價值。戲劇是一門綜合性且需要團隊合作的藝術，每年約有 30 多個學校社團參與演出，難能可貴的是讓一群不想讀書的高中生有一個表演舞台，藉此找到興趣；畢業後加入表演工作行列，亦是另一種技職教育的延伸。除此，學員能在練習中學習合作、體諒、包容及負責任，更藉由表演過程開啟視野、提升思考能力及多元的價值觀。這些都是傳統教育和書本中無法獲得的寶貴生命經驗。

　　工作之故認識浩瑋，一路看叛逆的他因戲劇找到了自我，如同一般青少年，外界的誘惑和家庭失能造成迷思而失去自我方向、幸好社會上有很多愛心的社福組織協助安置這一群迷失的青少年，個人想既然他接觸過那麼多的學校，也就麻煩他也跑一跑這些社福組織看看有那些可以連結合作，進而透過戲劇的學習去影響自我，我想這就是所謂用生命去影響生命！

　　曾經和同事去訪視課輔班，初次見面的小朋友突然問她「我可以叫你媽媽嗎？」！心中不勝言語，每個人心中都期待一個家，今天很欣慰浩瑋不止延續了花樣，並從中去找到靈感及串連一些資源進而發酵，將這段歷程集結出書，千呼萬喚之下，終於在今年得以面世。每個年輕人都應該有被肯定的機會，找出自己的夢想，勇敢

追夢，築夢踏實，期待《老師，我可以叫你一聲爸爸嗎？》這本新書能透過體制外的學習，讓我們未來的主人翁和社會大眾更能瞭解我們的社會，進而去一同協助和改變！

來自社會各界的掌聲

台北市青少年發展處處長 廖文靜 推薦

　　這是一本值得看、很好看的書。青少年看，字句之間，會激起內心深沉角落處的共鳴；家長們看，篇章之間，可找到親子關係冰釋的解方；教育工作者看，低迴反思，將回歸「用生命影響生命」的初心，再度燃起對教育的熱情與希望。

　　「成就每一個孩子」是教育的最高指導方針，然而在現行體制下，所有孩子的成就評量，僅侷限在學科成績的表現，大人所關切的只在狹隘的「國、英、數、社、自」，其他性格、興趣、人際等幽微層面，往往被忽略。隔著成績的紗，孩子被漠視、誤解或錯看，離大人愈來愈遠，離學校也愈來愈遠。每一個中輟的孩子的背後，都有獨特的故事，但是相同的是，孩子要的不是大人的期待，而是支持與陪伴，以同理與信任，與他們一起面對成長的各種挑戰。

前台北市文化局長、音樂科技學院基金會董事長 倪重華 推薦

　　我是兩年前認識浩瑋，那時我還在台北市文化局，受邀出席在華山舉辦的華人紀錄片影展。我記得放映結束，浩瑋主動跑來自我介紹，與我閒聊，初次見面，他便邀請我一起前往抗爭中的南港瓶蓋工廠，有幾個那時有幾位年輕人佔領阻擋拆除工程。我對浩瑋的直率與真誠印象深刻，沒多想就搭上計程車就跟著他一起去了。

　　後來浩瑋幾次來找我聊天，邀我去看他們表演，我漸漸明瞭他在表演藝術上的堅持和努力，特別是在青少年上，令我動容也感佩這樣的年輕人。這本書展現了浩瑋一直以來對於青少年的關懷，不僅僅是因為他過往的經歷使他感同身受，而更是在每個當下為每一

位不一樣青少年的真誠關心。人生的路走來總有著大大小小的傷痕，而有時候會放棄，有時候會迷失，找到自己是需要更多像浩瑋這樣的人，也創造更多這樣的故事。

社團法人台灣少年權益與福利促進聯盟秘書長 葉大華 推薦

近幾年標榜著用生命影響生命的勵志書籍並非少見，然而這本記錄青藝盟盟主余浩瑋，帶著四個因法令而受到保護安置的機構少年，前後花了三個月時間共同走訪全台 17 個兒少安置機構的紀實書《老師，我可以叫你一聲爸爸嗎？》，從書名容易讓人以為這又是個充滿洋蔥的勵志書，但當你翻開這本書時，就會感受到這裏面不只有滿滿的洋蔥，還有著對於社會體制運作的深刻反思，以及機構少年對於世界的觀看角度。

浩瑋說：「體制可以給大家均等的照顧，但似乎無法走進每個人的心裡，看見每個不同的人該如何對待。」

「每個生命都有不同的姿態與樣貌，長歪了沒關係，再長回來就好，這是我的信念。」

「不管你們做了什麼，我永遠都不會把你們丟掉。」

如果說人生像一場表演，這本書是浩瑋與機構少年們最真誠的生命碰撞，這場表演裡有鏗鏘有力的助人工作反思，有用生命陪伴少年的宣告，是所有正在陪伴年輕生命的你必看的一場表演！

福特六和汽車前總裁 范炘 推薦

認識浩瑋，是在福特「勇闖我的新世代」百萬資助金競賽評選。他對改變中輟生命運的堅持和堅持行動的篤實溢於言表，感動了我

和所有評審。在大夥齊心集力之下,「風箏計畫」起飛了。時隔三年,浩瑋不受現實框架的「闖」世代精神,已影響了更多的年輕而不確定的心,鼓動學生勇闖未來、迎風飛颺!《老師,我可以叫你一聲爸爸嗎?》此時出版,正是記錄這其中由艱辛挫折到含淚收穫的動人歲月!

人生最遠的距離是一次次面對挫敗、又燃起希望的距離,要「闖」出這番「用生命影響生命」的壯麗實在不容易。很榮幸福特能有這個陪著「風箏少年」走過環島距離的機會,我們欣喜見證年輕世代挽起袖子,以生命力闖出屬於他們的天空,浩瑋如是,而許多為台灣而教投入偏鄉的年輕志工教師們亦如是。

這樣的生命力,將不平凡的經歷轉化為台灣生生不息的沃土,透過彼此的鼓舞,茁壯為台灣的花樣異彩。誠摯的呼籲,一起讓這股「闖」精神持續發揚,讓新世代 Go Further 創造更精采的生命!

人本教育基金會執行長 馮喬蘭 推薦

這是一段赤裸裸沒有包裝,真實而不完美的旅程。於是成為很有力量的記錄。這力量來自真實,因為真實才能讓不同的生命間相互對彼此意義。這力量來自不完美,在不完美裡接納彼此,才真正讓人有安全感與歸屬。

在這段旅程裡,「大人」與「少年」間沒有權力問題,只有一起面對生活的挑戰與困境,並讓缺憾,成為持續走下去的生命動力。而形體是少年的,他靈魂中的成人也慢慢出現;而形體是成人的,他靈魂中的少年也漸漸被撫慰。

透過這個記錄,我們或可超越自身經驗的限制,重新看見少年,也重新理解生命。並說不定,還可能和我們心中的青少年相遇。

老師,我可以叫你一聲爸爸嗎?

安侯永續發展顧問（股）公司 董事總經理 黃正忠 推薦

我從小愛發想，想像坐在一列回老家花蓮的北迴列車上，進了山洞後直接駛向意想不到的桃花源，也曾想像搭電梯竟然一直往上，停下來，門一開，是一個我不認識的新世界。

長大後，愛發想沒有停止，常幻想主持一個盛大的論壇時，向與會者鞠躬致謝，但頭一抬起，人全消失了，偌大場地，明亮燈光獨我一人。

幸福的人，學習孤獨，欣賞孤獨，享受孤獨。

有了孩子後，一路走來為未成年的兒子瞻前顧後，就怕沒有在孩子最需要我的時後，作為最大的後援。我的兒子從小更會幻想，當別的小孩只會在溜滑梯上上下下玩，他就會站在溜滑梯上方，幻想自己是一艘海盜船的船長，率領眾小兵們前進。我也看到他很會找機會學習孤獨，欣賞孤獨及享受孤獨。

正因為自己的兒子在青春期，更可以看到社會上這麼多不幸福的人在對抗孤獨，特別是青少年。我們這個社會正在深嚐自己造成的惡果，什麼樣的因造成今天一個少年憤怒，青年無力，老年養不起的社會？

初次見到浩瑋，他的外型真像個「抬轎」的，深談後，才知道他的背景、他的努力與理想。他用表演藝術，帶領曾迷途的青少年用想像適應孤獨、掌握孤獨、走出孤獨。

走過孤獨的人，最能夠有資格分享孤獨，我佩服浩瑋的勇氣與實踐力，每一個被他帶領、啟發與走出來的青少年，就像是他孕育出來的孩子，重新認識及適應這個不完美的社會。這本書的每一個單元，都是現實的不幸福，我希望讀者能化身其中的角色，去感受這麼多的孩子所承擔的辛酸與苦痛。

浩瑋用行動，協助很多青少年走出深淵，我們則應用同理心及

想像力，去體會這些孩子改變背後的煎熬與毅力。讀過這本書，希望我們都可以成為「抬轎」的，讓社會多一點溫暖的力量。

磊山保險經紀人股份有限公司董事長 李佳蓉 推薦

這是一個生命影響生命的故事，每個人一生中都會遇到很多的生命導師，陪你走過人生中重要的轉捩點。

我佩服浩瑋對孩子的奉獻和堅持 16 年的努力，用自身的經歷去影響每個孩子，每一個孩子所需要的教育並不相同，每一個孩子都需要被肯定、被愛、被給予信心，一直以來，磊山也關注青少年關懷，及專注提昇教育的推廣，無論體制內的教育或創新實驗教育，透過事件、活動、表演藝術、合唱、運動……等，去建立孩子們的自信，發現每個孩子的天賦，更加能體會浩瑋在這巨大的奉獻中所付出的堅持和心力。

相信你一定也會由別人的需要中看到自己的責任，一起把愛傳出去！祝福您活出精彩有價值的人生！

國際城市浪人育成協會理事長 徐凡甘 推薦

脆弱而隱晦的生命中，良善的大人可能是汪洋中的浮木，承載一身性命的重量；可能是黑夜中的光點，小小的亮對著滿滿的暗；也可能是種籽，會隨時間長出堅毅與良善。若問曾經被陪伴或被愛的生命，他們一定會告訴你，那段最感念、最荒唐浪漫、最想成為那樣子的大人的故事。這本書，記錄著生命的脆弱與勇敢、隱晦與希望，每句對話、每個互動背後還藏著濃濃的愛。

我們可能無法擁有改變世界的力量，但轉身與大小孩子們相處

時，我們的影響力絕對足以轉變他們的一輩子。浩瑋與故事主角們間的血淚歡笑，你或許會深刻共鳴、或許會有所啟發，如同生命影響生命的碰撞、破碎與建構，可能如同創世大爆炸般壯烈，也可能如同生命起始般微渺。

做工的人 林立青 推薦

　　我接觸過幾個不同的關懷及安置收容機構，發現雖說有各個不同的服務對象，但同樣的這些組織都需要社會更多的肯定以及關心，他們缺乏的是志工和陪伴。所輔導的案主也多需要社會更多的理解和對話。

　　因緣際會之下，我曾到陳綢少年家園拜訪，那時我帶著朋友所託的捐款而去，順道也想了解青少年安置機構的運作方式。結果，我回來時感到這些機構所需要的，是社會上更多人的理解和關心。回首青少年階段的自己，我也曾需要更多表現空間，希望自己能有更多被看見的機會，希望得到舞台和自信。

　　余浩瑋先生的這本書是以一個藝術工作者的身分配合陳綢少年家園進行培力訓練，他誠實的用這本書告訴我們在進行環島的過程，將會和這些安置機構的孩子們發生什麼互動，又要如何在保有他們興致的狀態下，同時讓表演繼續順利進行。當然內容也詳實紀載了和這些孩子的衝突及摩擦，告訴我們這時候又如何化解，使演出能繼續下去。

　　我會推薦關心孩子教育的人們，或是想理解這些安置機構的人們閱讀這本書。更推薦所有藝術工作者，或是不知道自己可以為這社會做什麼的人，也都來看這本書。

序
人生這條路，我們願意陪你走

余浩瑋

　　台灣每年都有近萬名的孩子因為許多複雜的原因，如家庭、經濟、心理、資源缺乏等，面臨中輟，或是遊蕩在社會的邊緣。這背後的原因結構複雜，所以更需要用心來思索，我們應該要如何來解決這樣的難題。但我們的社會價值觀對這樣的年輕人缺乏包容與疼惜，總輕易地替他們貼上標籤，同時也讓這群青少年離我們越來越遠。每每想起這樣的狀態，總不免讓人感慨。

　　青春期的我也曾是讓人頭痛的中輟生，抽菸喝酒、打架鬧事、頂撞師長、蹺家放火樣樣來。後來我被老師帶進了劇團工作，開始接觸劇場、表演藝術以及青少年的藝術教育領域。一路走來邁入了第十七年，這十多年來的歷程，也潛移默化了我曾經頑劣的性格。我的青春不是浪子回頭的感人故事，影響我生命改變最大的關鍵是我在成長的路程上，都有人「陪伴」著我。

　　2014年，我思索著如何將這些在我身上發生的轉變，分享給許多和我一樣正處在晦暗青春的青少年們，於是有了「風箏計畫：青少年環島藝術陪伴行動」這樣的想法萌芽。我與十多位藝術工作者帶著我們各自領域的專業要走進全台各地的安置機構，希望可以用藝術療癒、啟發我們行動裡所能觸及的每一位青少年，希望可以陪伴他們走一小段成長的路。幸運的是，福特汽車提供了計畫所有的經費來支持這樣的想法，良顯堂基金會的陳綢兒少家園，也願意與我們用這樣嶄新的方式一起「用生命影響生命」。

　　這趟環島壯遊一百天的旅程，除了看見一個又一個真實的生命故事之外，同時也看見了台灣社福體制內兒少安置機構裡的困難。

社福人員高張力、高壓力的工作狀態、制度中部分僵化的法規……
這方面相關領域的從業者，需要的不只是物質生活條件的提供，更
需要的是心靈、內在、自我探索的引導。

　　每一個有故事的少年，人生都是可以重新開始的。雖然他們曾
經偏離飛行的路線，但只要有人願意拉拉他們身上的線，總能帶他
們回到我們身邊。風箏計畫最大的影響不是我們要去「改變」什麼？
而是看見了引導生命轉變最大的關鍵其實是「陪伴」。我們能不能
夠傾聽理解青少年生命的呼求，並且願意放下身段拿出同理與信任，
與他們一起面對成長路途中各種情緒與狀態？這些或許才是我們改
變結構的解藥，愛，也能在這一路的陪伴中得以彰顯。

　　在這本書籌製出版的期間，我也不間斷在投入開啟更多陪伴年
輕人的各種可能的發展模式中，包含籌辦社會企業作為機構青少年
步入社會的銜接，以及體制外的創新實驗教育機構來補足他們心靈
的成長。

　　青少年影響國家的未來，陪伴青少年成長的路需要大家一起參
與付出，為我們的年輕人帶來正向的影響。而可以預見的是，當這
些良善植入心中，也一定能在他們長大之後持續地回饋給社會，永
續傳遞。

寫在前面

本書由計畫發起人余浩瑋的工作日誌、四位少年的環島日記書信與環島文字紀錄張淳善的側寫結合而成，呈現不同角度的觀點。少年日記部分採節錄方式，同時修正（保留）少年原本所使用之注音符號及錯別字。

基於《少年保護法》之規定，四位主角皆以化名方式出現，影像使用部分亦然，而文中出現的家園老師、機構及相關人物，也都以化名出現。不過，我們並不認同保護規定下不可露臉的原則，少年環島時不曾以蒙面方式出現在任何公眾及安置機構場所；唯書中少年的臉則模糊處理。

看見那些隱藏在社會邊緣的少男少女

台灣有一百二十多所的兒童及少年安置機構，或座落在鄉間，或在城市裡你未曾發現的角落。「安置」，這個常人陌生又有被動味道名詞，其實離我們很近。然而，進入安置機構的孩子，大多都有著一段荒唐、艱辛、被迫早熟的歲月。基於法律保護的因素，這段過程大多被隱匿，使得常人難以感受他們的處境。

這些安置機構，收容年齡介於十二歲到十八歲的少男或少女。他們因為輕微觸法而接受法院裁定須接受一定時間的隔離，或依社會局判定原生家庭無法發揮照顧功能，於是在觀護人、社工的轉介下，未成年的孩子將被迫遠離原本的生活環境，進行數年不等的「安置」，不能讓家人找到的孩子，還會被分配到保密型的機構。也有許多孩子在十八歲生日來臨那天，即要展開完全獨立的生活。安置機構的類型也不全然相同，規模大小並不一致，除公設機構以外，

大多由民間團體設立，再由政府委託安置，要設立一家安置機構，也需要相當的社會資源投入。近年來，由於安置人數不斷攀升，機構不斷的增設中。

　　在這段期間，少年只能在規定的時間放風回家，平時靠著電話和家人聯繫。在安置機構內由生輔老師排班二十四小時照料，生活都在一起，形成一個一個小家，對沒有家庭的孩子而言，這裡更是度過青春歲月的地方；至於輔導升學或就業方面，一般安置機構會安排國中自學、接受職訓，學習狀況好的，於高中職階段則至當地普通學校就讀。也就是說，安置機構運用社會資源，試圖提供家庭的功能，伴著這群少年成長。而本文中提到的「家園」，少年去表演的單位、高關懷班等，除了少數公立高中外，都屬於安置機構。

14 年 9 月 18 日，風箏少年的第一場演出，在台東鐵花村，陳綢阿嬤特地在當天從埔里搭車趕來給少年鼓勵與打氣。

目錄

推薦序　　　他們要的只是愛和陪伴／尤美女　　　　　　4
　　　　　　　　牽繫／邱淑娟　　　　　　　　　　　　　　7
　　　　　　　　改變從自我開始，你也可以影響別人／吳志毅　10
　　　　　　　　來自社會各界的掌聲　　　　　　　　　　　12

序　　　　　人生這條路，我們願意陪你走／余浩瑋　　　18
　　　　　　　　寫在前面　　　　　　　　　　　　　　　　20

1
本性　　　　恩威並施的相處模式　　　　　　　　　　　28
　　　　　　　　保護與隔離一線之隔

2
只想上路　　既然是你選擇的路，就不要輕易放棄　　　40
　　　　　　　　大人也要遵守跟孩子的約定
　　　　　　　　被當成大人對待的孩子，行為舉止變得成熟了

3
世界很大　　參與藝文活動認識世界　　　　　　　　　58
　　　　　　　　「我就知道你們不會不理我！」
　　　　　　　　遭遇挫折，反而更確定自己的主張
　　　　　　　　掙脫自己的「小眼界」

4
有些過去　　「我的媽媽是做八大……」　　　　　　　74
　　　　　　　　雖然心急，但有時只能等待

5

心的方向　　　最想去的地方　　　　　　　　　　　　94
　　　　　　　　「縣長，為什麼你不讓我回家？」
　　　　　　　　一生奉獻給機構的督導

6

學著付出　　　遇到幼小的，他們就照顧　　　　　　108
　　　　　　　　在別人身上看見自己

7

好孩子　　　　快要擦槍走火時，才上前阻止　　　　120
　　　　　　　　小時候壞，不是一輩子都壞

8

放手　　　　　下田很快樂　　　　　　　　　　　　134
　　　　　　　　「硬性規定」的表演與「尊重差異」的學習
　　　　　　　　父與子
　　　　　　　　凡事要考慮到後果

9

信任　　　　　一切不是真的都無所謂　　　　　　　156
　　　　　　　　看待生命，需要把時間拉長遠來看

10

失衡　　　　　老師偏心　　　　　　　　　　　　　176
　　　　　　　　大人也會累

11

要逃跑就一起跑吧！　　躁動的青春　　　　　　　　　　　190
　　　　　　　　　　　　　第 N+1 次逃跑

12

歸零　　　　　　　　　　大人小孩各自反省　　　　　　　202
　　　　　　　　　　　　　少年像水，有時沸騰、
　　　　　　　　　　　　　有時結冰，但本質不變

13

不能走上回頭路　　　　　重新認識彼此　　　　　　　　　216
　　　　　　　　　　　　　只有在網咖才能完成的作業

14

旅行的意義　　　　　　　　　　　　　　　　　　　　232

後記　　　　　　　　　　不管發生什麼事，我都不會把你們丟掉　250
　　　　　　　　　　　　　什麼才是完美結局？／余浩瑋

　　　　　　　　　　　　　側寫少年／成瑋盛　　　　　　　263
　　　　　　　　　　　　　我哥哥和他的風箏計畫／余佳璘　265

片尾資訊　　　　　　　　感謝名單　　　　　　　　　　　267

出場人物簡介

余浩瑋

曾是中輟生，接觸藝術後，重新做人，投入青少年創新教育，目前為台灣青少年表演藝術教育推廣協會理事長，青少年表演藝術聯盟盟主。

阿旺

布農族少年，待過的機構與寄養家庭超過十二間，時年十七歲。

銘仔

烏來人，家中長子，因曾觸法被法院判定安置，時年十六歲。

杰董

自小在育幼院長大，從沒見過家人，時年十五歲。

小張

台中人，住過安置機構、寄養家庭，時年十四歲。

張淳善

本故事的第一人稱。暨南大學公共行政與政策學系畢，風箏計畫環島文字紀錄。

1

本　　　　　性

余浩瑋日誌

　　來到這裡十天，孩子早已用身體代替言語，透露出他們是怎麼樣子的人。一群人在上課演起活屍，黏著地板，怎樣就是不肯起來動一下；不然就是在課堂中跑來跑去。我們輪流被孩子搞到崩潰。雖然對我而言，這種「不正常」早在預期之內，但要帶這群年輕人，真的不是普通的困難，開導和耐心都已不夠用，我得跟他們一起玩、一起鬧，用條件來交換，表演給他們看、在他們身上畫圖騰，讓我們看起來夠屌、也讓他們可以很帥，接著，他們才會開始跟著課堂正常運轉。

　　雖然這群孩子很不容易建立自信，但如果能喚起他們不服輸的精神，面對越艱難的挑戰，就越能激發起他們的鬥志，這樣的奇蹟就發生在樹明的高蹺課裡：他們一次又一次跌落高蹺，又一次一次站了起來，就算受了傷，也不輕言放棄。

　　當他們的眼神才開始有點不同，和平共處卻難以維持。表演課上到一半，又因小事起了口角，一個個帶著往死裡打的 power 在肉搏。我好不容易建立起的信心，瞬間崩潰，總覺得教這些孩子什麼都於事無補。但這是我的無知與自大：眼前的年輕生命，各是歷經了什麼樣的過去，我們都還沒有透徹的了解，自然不清楚要如何和他們共處，遑論改變他們。

　　他們只是一群正值青春不安、我在計畫起始就稱為「風箏少年」的男孩。安置機構中的孩子有因為原生家庭功能失調被社會局帶來的，也有因為曾經做過一些荒唐的事，而被法院判決來此接受一定時間的輔導，在每張臉孔背後都有很多令人動容甚至是哀傷的故事。

「陳綢少年家園」就矗立在一片檳榔園的下方，一旁種滿香蕉樹，宛如世外桃源。教室的表演課正在進行著，這群少年歌唱、模仿、魔術等自創表演輪番上陣；他們努力揣摩，反而帶有幾分喜感。輪到一個染著褐色頭髮、刺青包腳的少年登場，表演「不用打火機生火」，只見他用衛生紙和一根迴紋針，教室裡的插座瞬間冒出火花！教室裡爆出一陣吼叫與掌聲。

　　「你們這種奇怪的招式是從哪學來的啊？如果真的有世界末日的話，只要跟你們待在一起，根本就不用害怕活不下去這種事啊！」說出這句無厘頭講評的，就是這次風箏計畫的發起人余浩瑋。

　　籌備超過半年的「風箏計畫」分成兩個階段，第一階段先是在「陳綢少年家園」進行為期兩個禮拜的藝術培訓營，也就是現正進行的階段，浩瑋號召了十位藝術工作者進駐家園，分享自己的藝術專長，少年可以選擇喜歡的課程學習，並準備兩週後的成果發表。第二階段，根據二十位少年在藝術培訓營的表現，從中挑選出幾位少年進行移地訓練，然後展開長達三個月的環島，除了到全台安置機構與高關懷班巡演，還會舉辦公開分享會甚至參加音樂祭演出。

　　藝術培訓課程是一連串磨合的開始。八月的酷暑讓大家心浮氣躁，一天上午，樹明吩咐學生將顏料填入水球，並在草地上鋪了好幾大條白布，讓少年進行丟水球大賽。少年一聽到這樣消暑的活動，歡聲雷動，馬上脫掉上衣打赤膊，拿起水球對人猛砸。地上的白布被染成彩色潑墨，後來就當作成果展的布景裝置。家園的主管曾主任在一旁看著孩子在豔陽底下追逐歡笑的身影，儘管他嘴上嘟囔著這樣的課程太失控了，不過他眼裡流瀉出的笑意，似乎也被孩子青春無邪的一面給感動了。

恩威並施的相處模式

　　繪本創作課上，只有三分之一的學生照著佩瑄老師所說的步驟在畫畫，其他要不躺在桌上，不然就是在打鬧，或溜出去放風。彥竹的詞曲創作課有一半的時間都在跟學生聊天，離唱好一首歌還有很大段距離。街舞課的教室裡只有七八個人在學，指導老師阿堃放牛吃草，有興趣積極的人他就用力教，不好意思在大家面前動動身體的，就在旁邊看。

　　以軒教攝影的那天，高溫三十四度，竟有人穿著長袖厚棉T來上課。浩瑋笑他：「叫你穿帥一點，你也沒必要這樣，腦袋壞掉喔？」

　　少年應道：「這就是我最帥的衣服啦！」

　　這個讓少年當一日專業攝影師的難得機會，他們除了興奮之外，更顯露了一種少見的靦腆。

　　這天，浩瑋的創作課要排練一場平常晚餐前集合的情況。

　　「對，他就是這樣耶，太像了啦！」一個少年扮演家園主任，惟妙惟肖，逗得全部人大笑。

　　接著浩瑋要大家排練打群架的場面。少年興奮的摩拳擦掌，好像真的要來大幹一場。浩瑋再三叮嚀，這只是排練。排練正式開始，幾個少年演著因為打飯而起的衝突，彼此嗆聲，各呼人馬，眼看就要打起群架。家園的生輔老師復哥聽到中庭的吵鬧，趕緊從辦公室裡跑出來查看，頓時安靜了一下又馬上哄聲四起，繼續打成一團。

　　「你現在想要怎樣？」浩瑋瞪大眼對一名少年大吼，原來是浩瑋正在發還筆記的同時，這位少年在一旁嬉鬧。

　　「那你現在想要怎樣？」少年也不甘示弱。

　　沒想到浩瑋竟然伸手揪住他的衣領，把對方用力拉到自己的面

前，近到快要貼到鼻子。空氣瞬間凝結。

「好啦！你幹嘛生氣啦！我是跟你開玩笑的！」浩瑋竟然用搞笑口吻化解這劍拔弩張的氣氛。浩瑋的非常手段把我嚇了一跳，看來恩威並施、身段柔軟，對這群氣盛的年輕人才會有效。

就在培訓即將進入尾聲的某天下午，傳來家園老師財物失竊的消息。一陣抓賊的動作弄得大人兵荒馬亂，少年一副司空見慣的模樣，坐在中庭裡有一搭沒一搭的閒聊，只是當他們和大人們眼神交會的時候，眼神充滿銳利與警戒，上午純真的表情早已消失無蹤。家園繼續查案，透過監視器鎖定了幾名少年，半小時後，有少年承認的確是爬進了老師房間，但他們並沒有偷竊，只是把被沒收的手機拿回來。這也讓我們這些外來老師開始反思：平時看到他們的調皮、衝動、不經大腦都可一笑置之，難不成這樣的「犯錯」也是一種日常的刺激追求？

事件塵埃落定，一切回到原本的假秩序。

浩瑋告訴我別小看這些孩子，他們見到客人總會禮貌地說：「客人好！」背著老師，私底下就是臭幹譙。陳綢少年家園是安置社會局和法院的個案，背景差異甚大的少年如何共處？為了大家生活好過，掩護彼此就是潛規則；萬一出包，就推給替死鬼；被欺負久了的，再爆料給老師，惡性循環之下，彼此信任關係薄弱。光從臉上，我真的難以看出他們如此社會化。

當晚由浩瑋、彥竹、阿堃、鴻鴻組成的「淡水男孩」樂團齊聚表演，少年露出迫不及待的神情，演唱過程浩瑋播放了和朋友參加社會運動的照片當作背景，也一面解釋事件與故事，台下老師聽得屏氣凝神也皺起眉頭，透過電視、書報，少年並未與世隔絕，但在

保守的家園裡，談「政治」是禁忌。

　　演唱結束，浩瑋安排將棚拍時挑選的少年獨照展示出來，想讓家園裡的大人看看這些埋藏在武裝外表底下，真誠純粹的眼神以及那些動人的真心笑容。

　　「認得出來嘛？這些都是你們孩子，笑起來這麼可愛。這些照片都是孩子自己拍的。」浩瑋神情堅定地對著今晚在場的老師說著。我擔心的是，我們以「外來者」的姿態來說這些話，他舉動無疑是讓我們和家園間加了一些對立的可能。但對於少年而言，我們的這個營隊的特別之處是有「環島」的誘因，這意味著他有機會出去玩，不用待在被人約束管制的地方。

余浩瑋日誌

　　家園中有一個愛爬牆飛簷走壁的年輕人，總是不愛上課。我在家園的一處角落和他聊天，他說他是社會局安置的，就算有一天結案了可以離開家園，也絕對不會回家。他很討厭他爸爸，因為從小到大，他爸爸從來沒有帶他出去玩過，只有一次帶他去朋友家喝酒，然後把他丟在旁邊看電視。他說這些話的時候，眼裡有些微的恨。那媽媽呢？媽媽過世了⋯⋯那個當下，我也不知道該怎麼鼓勵或是安慰他。我想，他需要的是很長的陪伴、還有愛。

保護與隔離一線之隔

　　成果展進入倒數兩天，我們也和阿嬤、家園的老師緊鑼密鼓的開會，希望能敲定環島少年的名單。

「你帶這個出去一定會出事！」阿嬤嚴厲堅定的語氣一出，會議室裡瞬間沉默了下來，在這場擬定名單的討論過程中，好幾位大家希望帶著一起環島的少年，都被家園創辦人陳綢阿嬤給回絕。阿嬤有預知能力這件事情大概全埔里的人都有聽過，事情還沒發生她就可以知道結果、那個小孩子作亂，她都會感應，只要阿嬤有預言，幾乎都會被說中。

　　阿嬤說：「你做這個是久長的，孩子以後還有機會出門，不能中斷了家園長期栽培他們回到體制的努力，我們的考量希望你也可以明白。」即便浩瑋激烈的爭取，家園還是有家園的立場，我們也只能尊重。隔天早上，環島名單已由家園底定。家園排除了正在就讀國高中的少年，以及過去表現有重大瑕疵的，最後由社工和保護官同意，才能放行。而團隊提出培訓期間的課堂表現評估，完全沒有被採納。

　　成果展當天。傍晚，外賓與家屬陸續到來，這是我們來到這裡半個月以來最熱鬧的一天，中庭擺滿了椅子，牆壁展覽了少年的畫作與棚拍照片。展演正式開始，少年陸續登場：踩高蹺、旗隊、RAP、街舞、B-Box，全場觀眾笑得合不攏嘴。最後一場戲，少年戴著自己彩繪的面具，演出家園日常的生活片段，但就在接近尾聲時，少年一一將面具拿下，大聲喊出自己的名字以及對未來的盼望，一字一句真摯的告白，讓台下的來賓感動落淚。

　　「有些老師不喜歡我們讓孩子講自己的過去，今天我們讓他們自己選擇要不要說。這樣的保護在我看來是不誠實的，**因為有一天他們會離開機構；過去發生的事情也不會從他們的人生中抹去。我希望他們能透過創作來面對自己的生命，變得有自信。**」浩瑋由衷

說道。這樣直接的語彙，在這樣的場合與氛圍中聽來或許動人，但在整個社會價值與體制裡，這擲地有聲的告白能不能發揮一點影響，說真的沒有人知道，在當時，我們也無法預想。

最後，浩瑋宣布了四個入選環島少年的名字。台下的少年有的為入選的夥伴歡呼、有的人雖然沒有入選但也給自己打氣，當然也有人因為落選而潸然淚下。

對大部分的少年而言，在一天之中經歷了心情三溫暖，有舞台掌聲、親人團聚、夢想起落、告別暑假等等，這時平常百般機伶的他們，因為疲憊不堪卻也顯得無邪天真，今天生輔老師們破了個小例，讓大家和老師交換心情，依依不捨的在中庭聊到夜深。

上：少年在樹明的踩高蹺課程練習過程。下：陳綢少年家園的少年們，在中庭集合的畫面。

少年們在阿堃的街舞課的暖身。

少年們在中庭上浩瑋的戲劇課程。

2

只 想 上 路

翌日，我們和四位環島少年進行「行前會議」，約定環島原則。晚上，我確認少年的行李時，少年才說衣服不夠、襪子只有一雙、鞋子還是借別人的……看來這幾個傢伙根本不清楚環島要做什麼準備！

余浩瑋日誌

　　出發之前陳綢阿嬤吩咐我們去廟裡，她要與大家話別。當車子轉進良顯堂，阿嬤已經站在廟前的廣場等待我們。阿嬤和我們一一擁抱話別，在耳邊叮嚀說「一定要成功」，之後給了我們一人一個她做的平安項鍊，接著要我們去跟神明說一下，保佑我們一路平安順利。阿嬤再次告訴我，如果未來要成立基金會，她會盡全力協助我。

　　環島第一天晚上十一點，抵達台東的利嘉部落。移地訓練的第一站住宿地點就在「有人在家」，民宿主人小官與山豬是浩瑋多年的好友。就寢前，少年推舉第一天的值星官，掌握大家的作息和任務進度。

　　儘管很累，也要開始寫第一篇日記。

　　隔天早上八點，值星官小張起床張羅早點。早餐後，進行讀日記大會，少年朗讀自己的日記，然後每人一票，票選當天「最佳日記」。不過，第一天「最佳日記」得主從缺，因為阿弟仔都把票投給自己。

九月一日

小張：阿嬤有話跟我們說，阿嬤給了我們一人一條護身符。

    10：00   吃早餐

    11：00   整理內務

    11：30   洗衣服

    12：00   吃午餐順便買晚餐

    01：00   05：00   排練與討論表演

    05：00   煮晚餐

    06：00   吃晚餐

    07：00   洗澡加洗衣服

    08：00   排練

    10：30   寫日記

    11：00   睡覺

銘仔：今天 9 點多出了門，有一點捨不得家園。環ㄅㄠˇ第一天很開心。

杰董：一直在車上很無ㄌㄧㄠˊ不過他們ㄇㄢˊ好玩

阿旺：今天 11 點多才到台東開了 10 幾個小時車程。星期三就要第一場表
　　　演好緊張。

既然是你選擇的路，就不要輕易放棄

午後浩瑋帶大家到部落的後山排練。炎熱的午後，走在狹小的山路上，少年都懶洋洋的，停停走走，花了四十多分鐘後才終於到達了山上的一處平台，從這裡可以眺望整個台東市，浩瑋對四個阿弟仔說，在遼闊的地方練習，心才會打開、歌聲也才更有力量。阿弟仔有沒有聽進去我不知道，不過他們的臉上都寫滿了不耐煩。

就定位後大家開始練唱第一首歌〈解救我〉，這是在家園成果展表演過的歌曲，但竟然沒有人記得歌詞。看著他們有一搭沒一搭的唱著，浩瑋的臉色也越來越難看。

「你們倒底在幹什麼啊？」浩瑋開口了，語氣充滿不耐。少年沒人應聲，銘仔和阿旺低著頭開始咬起手指甲。「要你們練習準備，我看根本就沒有練嘛！」話才剛說完，浩瑋將手上的筆記本往地上用力砸去。

「啊我就是不會呀，不然你想怎樣！」阿旺抬起頭來，語氣很挑釁。

浩瑋見狀，突然拉高分貝斥喝：「罵不起，是不是？」

突如其來的怒吼，讓大家都嚇了一大跳，銘仔更是整個身體抖了一下。

「罵不起啊！」銘仔回嗆一聲，放下吉他便轉身走下山。

阿旺見狀也把鼓給丟著，跟著銘仔走。小張和杰董留在原地默不出聲，但兩人也跟著說想放棄。

「欸！銘仔，一開始就這樣，算什麼兄弟啊？當初說好要一起環島的約定呢？」從高中休學來當計畫助教的瑋盛，追過去勸說銘仔。

44

「幹！明明是他自己那麼兇啊！我要回去了！不環島我又不會死掉！」銘仔氣急敗壞地說。

「好啦好啦你們都回去啦！我休學陪你們來環島，休『假』的！幹！」瑋盛使出最後的力氣，罵出他心裡的聲音。

我在一旁緩頰，「你們至少幫浩哥把吉他揹下山吧！他一個人怎麼拿那麼多東西？」銘仔自顧著走路。

我跟在他們背後走了幾分鐘，銘仔突然回過頭來說：「那我回去幫他拿吉他下山，不要說都是我揹上來的，還要他自己拿下去！」看他打算幫忙，多少有低頭的意思吧。我嘀咕著，那一開始就好好練不就好了，何必還要小脾氣呀！

銘仔和阿旺調頭往山上走去，剛好遇見揹著一堆樂器的浩瑋、小張、杰董，銘仔上前說要幫忙拿樂器，哪知道浩瑋並不領情，竟然對他們說：「是你們把樂器放下的，竟然做了選擇，那就不要再拿起來了。」

這尖酸刻薄的話語，二度給銘仔和阿旺一個回擊，兩人覺得被耍，又轉頭跑開。也不知道浩瑋是哪來的自信，敢用激將法對付孩子，但我們深怕銘仔跑掉，於是大人又追上去。

第一次面對少年發火，讓我有些不知所措，瑋盛則比我有經驗多了。他不斷安撫少年，講好等等拿起樂器練習，認真準備表演。銘仔和阿旺也慢慢轉移注意力，開始攀花弄草，或是跟路邊的小狗追逐，等其他人來。

「浩哥來了！怎麼辦啦！？」銘仔看到漸漸逼近的身影，開始焦慮地咬著手指甲。

「沒怎麼辦啊！你自己去跟浩哥說啊！沒什麼好害羞的！」瑋

盛說。

「浩哥浩哥，我幫你拿吉他啦！」阿旺率先上前，笑著破冰。

「不用！不用！我自己拿就好！怎麼了？」浩瑋表情看起來和緩許多，這時銘仔才湊上來說：「浩哥，我錯了！但是你剛剛好兇……」

「會怕喔？會怕就好！哈哈哈哈！」看到浩瑋笑，銘仔和阿旺也露出羞赧的笑容，不過手指還是含在嘴裡。

「其實我也不是要兇你們，只是希望大家都能認真準備而已，如果我剛才讓你們不舒服的話，我跟你們道歉。」說完話，浩瑋牽起銘仔和阿旺的手。

銘仔和阿旺說：「那讓我們幫你拿樂器嗎？」

這時浩瑋直直看著他們的眼睛裡，說：「可以。但我要再說兩件事：第一、以後不要輕易的樂器放下，既然這是你們選擇想要做的事，就不要輕易放棄，明白嗎？」

銘仔和阿旺點點頭，眼神卻聚焦在地板上。

「第二件事，我肚子好餓，我們快回去煮飯吃好嗎？」

銘仔和阿旺原本以為浩瑋還要再繼續說教，但聽到這突如其來的要求，兩人不禁相視而笑。

「好的，會笑就好，心情好，煮出來的飯才會好吃，走吧，回家吧。」

浩瑋把吉他和鼓交給銘仔和阿旺，大家扭扭捏捏嬉笑成一片。揪過這一下午的折騰，大夥兒已經飢腸轆轆。那天晚餐銘仔由和阿旺負責料理，從飯後餐桌上杯盤狼藉的狀況看來，這一頓飯應該是好吃的。

大人也要遵守跟孩子的約定

禮拜三的晚上，台東的鐵花村[1]有開放舞台。浩瑋想讓阿弟仔先上台磨一磨，因為第一場公開演出就要在這裡舉辦。只是，四個阿弟仔還沒進入狀況，反而是到處遊晃找樂子，直到正式試音才想到要緊張。

「接下來第三組表演者——風箏少年，讓我們掌聲歡迎他們登場！」場上的主持人也順道向觀眾介紹了風箏計畫的內容，一時掌聲四起。四個阿弟仔依序向觀眾簡單的自我介紹：

「大家好，我叫阿旺，今年十七歲，來自南投羅娜村的布農族。」

「大家好，我是小張，我今年十四歲，我來自台中。」

「大家好，我是杰董，今年十四歲，就這樣！」

「大家好，我是銘仔，我今年十六歲，我來自烏來。我們要為大家帶來一段表演叫做〈阿弟〉。」

接著就是一連串的失誤、落拍、放槍、忘詞……他們的初登場，只能用慘不忍睹來形容。雖然說是很掉漆的初登場，但觀眾還是對阿弟仔的勇氣報以熱烈的掌聲，而我也在滿場的觀眾裡看見幾個巨星的身影：歌手巴奈、那布以及胡德夫老師。最後，胡德夫老師唱了〈美麗島〉為今晚畫下句點，雖然天空開始飄雨，坐在第一排的阿旺仍看得入迷。

演出結束後，大家才想起阿嬤說要來看表演。「會不會阿嬤不來了呀？都這麼晚了。」浩瑋問大家。

「不會，阿嬤說他會來就會來。」阿旺說。

「對對對！阿嬤不會騙人，你再等一下，他等下就來了。」銘仔也接著附和。

話才剛說完，阿嬤和家園的老師就出現在鐵花村的入口，大家趕緊上前去迎接阿嬤，胡德夫老師也前來向阿嬤致意。阿嬤搭家園老師開的車，一路從埔里直奔台東，略顯疲憊。她招呼大家坐下，但大家全部跪在草地上，等著阿嬤說話。

「你們好嘛？有乖嘛？有呷飽未？有聽浩瑋老師的話嘛？」聽完阿嬤的問候，大家紛紛上前和阿嬤相擁，連個性最火爆的銘仔也轉身拭淚。

「阿嬤，妳不用擔心，他們表現得很好，剛才觀眾都幫他們鼓掌，我們沒有丟家園的臉。」話才說完連浩瑋也開始哽咽，在一旁看著的朋友也都紅了眼眶。

余浩瑋日誌

風箏少年的其中一位布農少年阿旺，獲得胡德夫老師的大力肯定，還留下聯絡方式給阿旺，要他再回台東的時候一定要打電話，胡德夫老師要請阿旺吃飯。因為這件事情阿旺開心了好幾天，一位巨星級的老師竟然會對他一個默默無聞的小子這麼親切，而且如此樂於分享。阿旺原本打算在離開機構之後跟著姑丈「跑車」，經歷過這幾天之後，他說他對於未來的規劃好像也可以再增加「做音樂」這個選項。

長這麼大，第一次看到海

隔天早上，阿旺還沉浸在遇見大明星的喜悅中；小張對自己的表現也有相同程度的陶醉；離下一場表演，銘仔竟然擔心了起來。這些感受都寫在日記裡，反觀杰董卻一如往常只簡單交代幾行帶過。

早上的讀日記大會依舊分不出高下，因為阿弟仔還是都投給自己。

「杰董，為什麼你會麼都投給自己？」浩瑋見機開攻。

「嗯，因為我覺得我自己寫得最好。」

「你真的覺得自己寫得最好嘛？剛剛沒有聽別人讀的日記嘛？你寫那的跟昨天日記不就一樣，只有三行嗎？這樣還敢投給自己？我跟你們講，從明天開始不准再投給自己！」杰董自覺被修理，臉色立刻沉下來，面朝窗外，其他阿弟仔臉上也充滿了不悅。浩瑋看他們情緒轉折如此快速，便提了一個想法，想讓阿弟仔提振一下士氣。「明天我帶你們去玩水，去看看蓋在海邊的大飯店。」

「蓋在海邊的大飯店」是浩瑋所創作的歌曲〈腦袋不是用來長頭髮的〉裡面的歌詞，內容寫的是台東的杉原灣讓商人在原住民傳統領域上蓋起大飯店的荒謬事件。本來浩瑋希望到海邊能讓他們身歷其境，理解自然環境的美與歌詞的意涵，但少年卻對偌大的違章建築無感，只顧著玩水。

腦袋不是用來長頭髮的

HOHAIYAN 就要被買走了 你不知道
買不起的房子越蓋越高 擋住了天空看不到 你不知道
黃色的罐頭裡面難道裝的是啤酒 有什麼影響 你不知道
原住民向這個世界拿的最少 卻總是得到最多的核廢料 誰知道

蓋在海邊的大飯店 管他是對是錯 都不想知道
把房子拆掉 樹砍掉 山挖掉 海洋都賣掉

能換到鈔票就好　其他都不想知道
總是冷眼看著那麼多人在街頭抗爭　為了什麼你不知道
我們生活的土地是跟後代子孫借來的　還是不知道
總是看著面無表情　麻木的眼神空洞的雙眼
我的世界是真是假我不知道
晚上看著膚淺的電視節目心滿意足的笑了
有什麼意義　我不知道

科技在進步　文明在發達
可是妳連自己要去哪裡都不知道
喔對　或許我不應該在這裡說的太多
可能你連自己是誰　從哪裡來　都不知道
破

我是一陣狂風　誰能阻擋我　青春狂野的風　誰來阻擋我
寫歌不是唱完就爽　這樣你懂不懂
創作之後重要的是實踐你懂不懂
腦袋不是用來長頭髮的你懂不懂
長了也不是用來燙的你懂不懂

拜託你

　　沙灘上，鞋子隨地一脫，很快淹沒在浪潮中，少年也玩得不知
去向，只有銘仔在這時硬是拉著瑋盛走回沙灘，要瑋盛幫他跟大海

拍照。

「幹嘛啊！你鄉巴佬喔沒看過海喔，還跟海拍照咧！」瑋盛故意問。

「我跟你說，我真的長那麼大第一次看到海耶！剛剛玩水的時候，我才知道原來海水是鹹的！我喝了好幾口，快嗆死我了，有夠難喝！」

「靠！真的假的？你從來沒看過海？你都十六歲了耶！」瑋盛訝異的盯著銘仔。

「叫你拍就拍你廢話那麼多幹嘛！拍好看一點！我要傳給我媽媽看。」銘仔說。

當孩子被當成大人對待，行為舉止變得成熟了

今天大家在海邊都玩得很快樂，不開心的只有浩瑋了。他直嚷著，來台東這麼多次，就這次最操勞。為了讓自己喘息，浩瑋這天安排大家在「丁丁小吃部」烤肉。

雖然叫做小吃部，但其實根本就不是一間店，那是浩瑋的兩位很會做菜的大廚以及擅長烘焙的好朋友的家。這天聚集了不同年齡層的哥哥、姐姐、叔叔、阿姨，平時寡言的杰董竟開懷地跟一位來自台北的官爸爸聊了起來，而且兩人一見如故，只見官爸和杰董開了的話匣子一直沒停過。銘仔和阿旺則一起分工，幫忙生火、顧火、切香腸、烤食物，兩人四手一直沒閒下來。小張不時逗著名叫「小子」的貓，和牠玩得開心，也一直來問我要不要休息一下，和他換手。而神奇的事情也在那晚發生了。本來最懶散、最不喜歡做事的杰董，竟然主動幫忙洗碗、整理房間、自己報備行程。

大家在月光下喘息。炊煙之中，讓眼前的昇平更如夢似幻，阿弟仔怎麼一個個突然懂事了起來，好像相處起來也沒那麼的不容易，不過就是好好一起生活啊！

余浩瑋日誌

有一天我們在台東的一位朋友家烤肉，席間朋友他海軍官校退伍的父親和其中一位風箏少年──我們暱稱他「杰董」的帥弟聊了好久好久。聽他們天南地北的聊得很投緣，結束之後兩人還很麻吉的用力握手，看了就覺得有趣，因為這些年輕人開始探索接觸許多他們以前不曾經歷過的一些生活片段，這些旅途中的相遇與碰撞，真的就是最好的學習與獲得。

浩瑋日記裡的美夢，直接在隔天睡醒時破滅。

不知是否因為要在鐵花村的專場表演，壓力太大的緣故，隔天早上銘仔叫不醒、小張和杰董做不出早餐、阿旺不曉得幾點該做什麼，就連下午的練習，少年也沒有練唱的決心。

晚餐過後，浩瑋讓四位阿弟仔坐著山豬的車去放風。而我們這幾個大人則是賺到了幾個小時的清靜悠閒，這個時候，突然可以理解家園老師們的感受了──跟少年日夜相處真不是一件輕鬆的事啊。偷閒的大人打屁、上網、看書、打盹。放鬆的時光轉眼就過去了，院子裡傳來汽車引擎聲，少年平安無事歸來。「山豬大哥真是神厲害的！」他們一整晚說著被大蛇嚇到、認識了哪些生態，完全拜倒在山豬大哥淵博的知識下。

鐵花村專場演出的前幾個小時，觀眾漸漸聚集，台東的好朋友都專程來為風箏少年加油。浩瑋和彥竹所組成的「淡水男孩」演唱了幾首曲目之後，接著換阿弟仔主秀登場。一首歌穿插一段風箏計畫的故事，大多時間是浩瑋的脫口秀。雖然整場表演比較像是「淡水男孩」撐著「風箏少年」的場面，但仍有觀眾遞上明信片鼓勵，也有人看著邊掉淚。演出結束後，幾個觀眾表示希望和阿弟仔一起合照，就這樣，風箏少年有了第一張「粉絲照」。受到鼓勵的少年，初嚐專業級登台的滋味和享受明星的光環，心情顯得飛揚。

【1：鐵花村】
鐵花村座落於台東火車站舊址附近，原是鐵路局舊倉庫，2010 年由台東音樂人、藝術工作者及「台灣好基金會」共同打造成音樂演出空間，除固定演唱活動外，假日也舉辦市集。孕育許多音樂創作者，是台灣獨一無二的音樂聚落。

風箏少年們的環島前移地訓練之台東站，在鐵花村的專場演出後，開心的與觀眾留下第一張合影。

九月六日

小張：練得很累，很想休息，但一想到明天就要表演了，所以我也逼自己
　　　要撐下去…。

銘仔：晚上和山豬大哥去他的山上　我們看到了很多昆蟲還有一條蛇　那
　　　個蛇很特別　頭是五角型又不會咬人　但我還是很害怕蛇　明天就
　　　要表演了　有一點開始緊張…

杰董：練習時我想起剛出來的我們和現在的我們是完全不一樣的

阿旺：下午我們排練時我一直跟不上皓偉哥的拍子，但我後面還是有跟上
　　　啦　明天一定很有 fun

風箏少年自己做的早餐（攝於台東有人在家）。

難得的空閒日，帶風箏少年們到台東杉原灣戲水。

3

世 界 很 大

兩台大車開在海岸與穿越山脈的公路上奔馳，有時候我們的車會超越浩瑋開的那部車，他們也會故意跟上來併排叫囂，幸好沒有被警察攔車，路程充滿歡笑，就像公路電影裡天真爛漫的氣氛，一路上就這樣停停走走，鐵花村演出結束後隔天一大早，一行人就從台東出發，到達淡水時已經過晚餐時間了。

　　風箏計畫在淡水的停留基地就是浩瑋與他兩個妹妹合租的家，浩瑋騰出房間給四位少年與瑋盛睡，浩瑋則因為害怕少年的青春氣息（汗臭味），自主隔離在客廳打地鋪。

參與藝文活動認識世界

　　欣賞藝文活動是移地訓練的安排之一。今晚看的是浩瑋的劇團──「青藝盟」在台北藝穗節表演的〈傷心遊艇〉。〈傷心遊艇〉的演出地點在大稻埕碼頭，而演出的舞台就真的在一艘遊艇上，觀眾要看戲要就必須要登船去看；航線走一圈，就是這部戲演出的時間。通俗的歌舞劇設計，觀眾還可以上台和演員點歌合唱，今晚的演出充滿了與表演者互動的趣味。平時木訥的杰董竟也拿起麥克風開唱；小張則因為被一位女演員拉上台合唱〈今天妳要嫁給我〉，又要到人家的 FB 帳號而暗爽；銘仔在一旁耍帥，但其實是一直偷瞄女生……頓時，少男的陽剛暴戾，都在「妹仔」面前消失無蹤了！阿旺則是抽到一張寫著「把傷心留在水面上」的紙條，百思不得其解，所以不斷找人問：「這是什麼意思？我為什麼會抽到這個呢？」演出結束，一行人又浩浩蕩蕩返回浩瑋家，在捷運上，大家談論的都是今天演出的片段。

　　風箏計畫第二周移地訓練的基地就在「竹圍工作室」裡進行，

有很多藝術家都曾在這裡駐村、創作、發表作品。移地訓練課程延續了家園藝術培訓營的課程，風箏師資繼續來為少年上陶藝、音樂、舞蹈、街舞和 B-Box。移地訓練使得少年有機會接觸老師的日常工作與生活，帶來學習上的新鮮感。

佩瑄教捏陶和手拉胚，杰董做了一個小米酒的杯子和馬克杯，阿旺做了杯子和碗，而大家都各自做了一個菸灰缸。他們不畫設計圖，能憑手捏造，不滿意就哈哈大笑、自娛娛人後，再重來一遍，佩瑄發現，銘仔對手工有超乎常人的美學要求；大家雖然都是第一次拉胚，也會互相較勁，躍躍欲試，好還要更好的上課熱度，和先前培訓營的表現有很大的不同！

接著上音樂課，授課的老師是「身聲劇場」的藝術總監吳忠良，之前也擔任少年培訓課程的老師。少年見到幾個星期不見的忠良，表現得很興奮。忠良覺得他們哪裡變了，但又說不上來，他回憶第一次相見，那三小時對他來說，簡直是人生最大的折磨，但也是很大的教學突破，他知道這些孩子在短時間裡很難對人敞開心胸，需要更長時間的陪伴。課程結束後，忠良帶大家導覽劇場內的大地樂器館，少年對裡面每種來自世界各地的樂器感到好奇，忠良一時興起，拿出材料教四位少年做祈雨棒，阿旺則是在課後，黏著忠良想學新的非洲鼓節奏。

「我就知道你們不會不理我！」

竹圍工作室的經理 Sandy 這幾天也都在一旁看著我們帶孩子在這裡進進出出，今天她不禁好奇地問我：「我看你們那些小孩子還蠻乖的耶！他們看到人都超有禮貌會打招呼，很有規矩耶！這個年

紀的青少年不是都不愛理人？而且他們不是那種機構小孩嗎？感覺很不像耶！」

其實少年在機構早已習慣了與人基本的應對進退，還不至於讓人擔心，不過常常摸東摸西，借用器物沒先問人，很難自我控制的這一點真的讓人頭痛。

杰董是這四個少年中身世較特別的孩子。他出生三天就被送進了育幼院，說得直接點，就是被遺棄了。他說他這輩子只見過母親一次面，而那次見面，母親卻要他自己過生活，對於家庭的期待也在那一次隨之幻滅，從此杰董就在不同的機構裡輾轉度過了童年，他總覺得自己一直就孤單一個人，沒有體會過家的感覺，但他說，等他十八歲可以自主的時候，想要建立一個屬於自己的家庭。

這幾天杰董不斷暗示大家自己要過十五歲生日了，不過大家都有默契的裝忙或是敷衍他，但其實我們正醞釀著給他一個驚喜。

杰董生日的這天，我們在竹園工作室的餐廳裡買了食材大家一起做飯。少年也在家園中的規矩裡，培養了不浪費食物的習慣，但偶爾也是會有吃不完的時候，少年就自己發明了一個「清桌」的遊戲，猜拳輸的要把盤子裡的食物吃光。今晚清桌的苦主正是杰董，他邊吃邊抱怨著，難道這就是他的生日禮物嗎？壽星沒有被祝賀就算了還要接受懲罰，整個人身上散發了無窮無盡的低壓磁場。

我們一群人在旁邊越看是越有滋味，暗想他看到蛋糕與禮物時的情緒反差。正當他帶著少年獨有的哀傷神情要清完最後一盤菜，眼淚要潰堤邊緣的時候，大家把燈了熄，黑暗中，映著燭火的生日蛋糕從餐廳的後門登場了。

「哇！怎麼會有兩個蛋糕？！」杰董邊咀嚼著嘴裡的菜餚，一

邊驚嘆著。

「你看！我們為你準備兩個蛋糕，不要說大家都不重視你。」
浩瑋說。

「哈哈，我就知道你們不會不理我嘛！前幾天還在那邊騙我！
你們真得很過分喔！」

看著杰董邊罵邊笑的模樣，胖胖的身材、總是穿著 T 恤配海灘
褲、肉肉臉頰上掛著近視眼鏡，兩頰都紅了，真的覺得這個孩子可
愛的異常，撇除他生活習慣很糟糕這一點不說的話，他真的是一個
很討喜的男孩，不知道他的母親如果看到他現在這個樣子，會不會
後悔當初拋下他的決定？

就在大家一起分享杰董的生日蛋糕的同時，他以為我們因為他
的食量大，所以故意買兩個蛋糕整他，想要挖苦他的身材，但其實
是這天陰錯陽差，浩瑋和我都各買了一個蛋糕，而且都是巧克力黑
森林，我們也是端出來的時候才發現的！當天他也收到家園特地寄
來的生日禮物。興奮的杰董打電話回去給家園的老師。

「宛宣啊！我的禮物就只有這樣嗎？這樣對嗎？你把我當什
麼？還不快幫我寄新的球鞋過來啊！」

杰董在電話中演起了「董事長」，這也把大家逗得笑彎了腰，
整個竹圍工作室充滿了我們一大夥人的笑聲，就這樣，我們一起陪
著杰董過了十五歲的生日。

透過生活的相處，越能夠了解到他們是需要人照顧的大孩子，
像是銘仔的母親在這段期間就親自到淡水一趟，為兒子帶來衣物和
鞋子，短暫享受一點的天倫之樂。依照家園規定，少年每週可以和
家人聯繫一次，同時每個月一人會有六百元的零用金，讓他們添購

墨鏡、帽子、洗面乳、襪子、內褲、衣服等等的生活用品。有時我會獨自帶他們上街,或是整天被他們問「做這個、做那個可不可以」,這些時候,真會有種當媽媽的感覺,也是我始料未及的體驗。

遭遇挫折,反而更確定自己的主張

在淡水的訓練菜單裡,還有兩場更大的演出在等著大家,第一個是音樂餐廳的專場演出,另一場則是風箏少年要和淡水男孩一起站上「巨獸搖滾音樂祭」的舞台!

距離今晚風箏少年的演出還有八個小時。我們相約吃完飯後在青藝盟的劇團空間排練,就在我們去覓食的同時,我接到了浩瑋的電話,他說:「阿嬤來了,吃完飯之後快點帶孩子回來!」上次在台東碰面到現在還不到兩個星期,不知阿嬤會這麼緊跟風箏計畫的行腳,而且重點是這一次並沒有老師事先知會我們,或許是想給大家一個驚喜。但當我帶著少年回到劇團的時候,才發現一切和我想的完全不同。

「你們為什麼沒有自己做飯!還騙我說都會自己煮飯?」阿嬤皺起眉頭對歸來的少年氣呼呼地說。沒按照餐食自理的約定,這讓阿嬤情緒凝重了起來。

雖然浩瑋向阿嬤說明當天是非常狀況,因為要準備晚上的演出,中午在外用餐的話,排練時間會比較充裕,但阿嬤還是堅持,那可以在家吃好再出門。復哥在一旁摸著少年的新髮型,嘴裡振振有詞:「誰幫你們剪的?是你要剪成這樣的嘛?這能看嗎?」因為阿嬤生氣,少年心情陷入低落,甩頭不理復哥。

為了化解尷尬沉重的氣氛,宛宣支開少年到一旁寫測驗卷。

九月十日

杰董：今天又是美好的一天，一大早我們就去了佩瑄姊辦公的地方...

小張：......我們一起做手拉胚和陶土，看別人做的時候都覺得很簡單，但換自己動手做時，就覺得怎麼比想像的還難，我今天做出來的東西都超古怪的...

阿旺：我今天在拉胚的時候一直失誤，但也有成功的時候，下午去上忠良的課時我看他在打非洲鼓，我跟他說我想學。...

銘仔：...晚上我就和阿旺一起煮晚餐，也幫了我的丫弟過生日，雖然沒有什麼東西可以送他，但我希望他可以再懂事一點，長大了一歲要開始會想囉！丫弟「生日快樂」

余浩瑋日誌

　　我們到底是要把這群年輕人打造成我們想看見的樣子，還是要和他們一起去探索生命的模樣呢？我想，我們只需要提供一個安全、舒適的環境，陪伴他們走在這條成長的道路上，生命自然會給彼此最美好的回饋；就像自然農法一樣，或許對待年輕的生命，我們真的不需要給他們太多的農藥、化學肥料、除草劑……

　　家園極度重視的課業，也是環島成行的允諾之一，在台東見面時家園的小薪老師就把所有的課本和考卷一次扛來，並吩咐一定要跟著進度走，那時環島才第三天，我們全體認為少年要先適應外出生活，作業可以先緩緩。而宛宣給少年寫的這份評量將會決定接下來的旅程中，該給什麼樣的課本，整體來說，家園這趟淡水行，就有「突擊檢查」的味道啊！

　　一陣尷尬的沉默過後，阿嬤說她與朋友有約，要先行離去，晚上再來看少年表演。

　　今晚的演出排在七點半，地點在淡水「I-La 音樂餐廳」，而阿嬤比其他觀眾還要早到許多，在一旁靜靜看著少年排練。

　　排練過後，她把浩瑋拉到門口，表示她非常不喜歡這個場地。「你怎麼可以帶他們來這種有賣酒的地方！」一氣之下，竟說要將少年帶回埔里，便把四個少年拉到更遠的馬路邊談話。

　　雖然少年未滿十八歲，可是今天畢竟是擔任表演者而不是客人，浩瑋接洽這個場地時，也是希望多給孩子一個表演機會，而老闆也是二話不說就答應了。當初如果有先跟阿嬤說明，不知道她還會不會這麼生氣？

超過了表演預定開始的時間，大家除了等待也只能等待，一面焦慮少年與阿嬤的談判結果，一面擔心觀眾會抱怨活動怎麼還不開始？我走近阿嬤與弟仔，試圖了解他們溝通的情況。

　　小張說：「阿嬤，你不要擔心，我們答應過你的事情會完成，我們一定會自己煮飯，不吃外面的！」

　　阿旺也跟著哀求：「阿嬤請你相信我們，我們會好好的表現不讓家園丟臉，我們做了那麼多努力，希望你給我們機會，讓我們完成這次環島好嗎？」

　　銘仔和杰董則安靜地在旁邊沒有出聲，試圖用無辜的眼神打動阿嬤的心。

　　「既然做這個決定是你們想要的，那就由你們去吧，假如沒達成，回來之後你們也就不要叫我阿嬤！」雖然說阿嬤被少年說動了，但當晚阿嬤並沒有留下來看少年的演出。

　　演出比預計的時間遲了十五分鐘開始，在台東遇到的官家父子竟也在淡水現身，特別來為杰董打氣加油。風箏少年的故事和演出再一次感動全場，今晚心情跟著阿嬤的出現起落，也讓少年的歌聲裡多了一些叛逆跟主張自己的味道，每一首歌他們都唱的比之前幾次更投入更用力！

　　為了盡量做到阿嬤的要求，浩瑋也思考著如何調整團隊的作息。

　　「現在我們是同一條船了，我也跟你們一起『黑』掉了。阿嬤不喜歡我們在外面吃飯，所以我們要一起合作，才不會再讓她失望。」表演結束後回到家，他這麼告訴少年。

掙脫自己的「小眼界」

　　「巨獸搖滾」是赫赫有名的獨立音樂祭，為期三天，上百個地下樂團輪番上陣，是一年一度北台灣的搖滾音樂盛事，主辦人是三一八學運時，發起「大腸花論壇」的音地大帝。「淡水男孩」之所以會報名，是因為音樂理念和風格符合活動的精神，例如關心土地、反思體制、控訴國家暴力等等的歌詞內容，是家園早就領受過、但不太能夠認同的。家園吳董事長也早有交代，不可帶少年參與政治性質的表演。而我們也在幾天前才得知今天會有幾位家園的生輔組和行政組的老師前來，要一起「欣賞」少年的表現。

　　還沒見到家園老師前，在觀眾裡面，少年認出前家園生輔老師——蕭逸，他是「暴君樂團」的主唱，曾經也在陳綢家園服務過，和阿弟仔的感情很不錯。師生相見，又在這麼酷的場合，雙方都很激動。

　　淡水男孩的演出時間一到，掛著「警察一動，我們暴動」標語的舞台前，聚集了數十位觀眾，當中也有家園老師的身影，大家都抱著期待的心情等著看演出。輪到少年上場，他們向觀眾說明自己正在環島，為什麼會來環島，和自己的背景來歷，分分秒秒都吸引著台下觀眾的目光，唱完 ending 曲〈解救我〉之後，台下也報以熱烈的掌聲。表演後，蕭逸帶著他們到各個舞台欣賞各個樂團的 LIVE 演出，對音樂以及詞曲創作很有想法的銘仔，在看完「拷秋勤」的表演之後，整個人被震撼到目瞪口呆，直說我以後一定要當 DJ！當 DJ！DJ！！

　　團隊的大家都認為這次帶著少年一起在巨獸登台是成功的開始，浩瑋也認為他們有做到站上大型舞台克服膽怯的成長，這一次的經

驗也為接下來的正是環島行程打了劑強心針。但站在家園立場，老師卻不欣賞眼前少年的表現，他們默默把現場情況一五一十的通報了回去。結束沒多久，我的手機就亮起了來自埔里的電話號碼，阿嬤要與浩瑋親自通電話。

阿嬤說：「你怎麼可以讓我的孩子們唱那些政治歌曲？不准再唱那些歌！」浩瑋只是一直對著電話道歉，然後說著知道知道、明白明白、以後不會、保證保證……

其實淡水男孩的每首歌曲、每句歌詞，背後都有沉重的社會故事，在家園上課時，少年隱約透過浩瑋的講述，聽懂什麼是大埔事件、強徵農田、體制迫害等等，了解這些事情或許能幫助他們，知道世界上還有很多事情等著他們去做，不再因為過去的「小世界」、「小眼界」而執著在自我。

「我唱的我寫的就是我對生活的感受，我表達我見到的不公平，我不喜歡說那是議題，不喜歡說那是政治，那個背後就是活生生的每一個生命。」但浩瑋的心聲，阿嬤和家園老師卻似乎從沒有聽進去過。

九月十三日

杰董：...下午在排練的時候大家都很累，但大家都練的很不錯，看大家累和認真的樣子，我也不能輸給他們...

阿旺：...今天我在打解救我時，打木箱鼓有點太大力，但很爽，為了音樂做了更多的努力，所以今天比去依朗（其實是 lla 音樂餐廳）的手勁更多。但我更想和會打鼓的人學習，想在更強，我想更多的是，我們真的有在團結...

小張：...蕭哥說以我們為榮，我覺得我們踏出了我們出來的目地的第一步，讓別人看到我們的不一樣了，我真的很感動，我相信我們應該又多了不少的粉絲吧！...

銘仔：...今天也是我人生中第一次在音樂季表演，今天的表演我真的很喜歡，希望明年也可以在巨獸和浩哥們表演。

余浩瑋日誌

　　從第一天開始決定要做風箏計畫開始到現在，整個計畫已經進入了正式環島的階段，我忙得東倒西歪。每次看到路上的學生和上班族過著規律的日子，再回頭看看自己，還真像是個整天遊手好閒的人。這種感覺很微妙，外人看來好像沒有一個明確的目標，但我卻很清楚、很踏實，因為我知道自己在做什麼。

　　杰董，表面上超愛打屁哈拉、說垃圾話、自尊心強抗壓性低的屁孩，每天都會和我搭嘴鼓互嗆最少一小時以上，旁邊的人看到我這麼一個三十二歲的成年人和一個十五歲的國中生在那邊唇槍舌戰，都會受不了這種幼稚到極點的場面，大家的理智線也快被我逼斷。但是，卻有好幾天晚上杰董跑來找我，講的卻是內心話。有一天坐在客廳裡他突然問我說：「浩瑋哥，以後可不可以叫你爸爸？」聽他這麼一說我心裡面的情緒反應特別大，邊跟他開玩笑眼裡邊泛淚。

　　他從一出生之後就被遺棄，從小在機構長大，渴望有一個家是他心裡最深層的悲傷還有遺憾。當機構放假、可以出去的時候，無家可歸的他都去附近的教會；而固定的親子聯絡時間，他就只能打電話回以前的機構找老師聊天；過年時，也必須在機構裡吃團圓飯。

　　其他三位風箏少年也各自有著家庭的缺憾，我想「陪伴」應該就是對這幾個年輕人最重要的生命探索方式，也是我們目前所能做的。

　　不過，目前風箏計畫所做的事情，無法被機構認定有所「績效」。也因為這一切都大大的和〈兒童及少年福利與權益保障法〉中的「保護」下所採取的措施不同，而被認為有點「反體制」。比如說我們走訪的機構可能不太喜歡我們帶孩子唱一些有關政治或是帶有批判

色彩的歌，也認為孩子尚未成年，不會判斷不會明辨是非，然而在我認為則是恰恰相反。機構裡的孩子，平常沒有機會看到體制世界的另一面，如果説這樣的禁止、告誡與隔離訊息的方式算是一種保護，那麼跟戒嚴有什麼不一樣，思想上的禁錮，是不是另一種自由的剝奪？

　　站在「所謂」法令保護的立場要求孩子於公開場合要遮臉、影像露出必須打馬賽克、避談自己的故事與生命歷程，害怕他們以後長大被認出來，會被貼標籤，一切都奉「保護」之名為上綱。在我定義中的「保護」，應該是真心給孩子「改變」的機會，讓他們學會自我接納，甚至是應該反過來改變大眾的想法，讓曾經犯過錯的人能夠擁有重新來過的大環境，及被給予生命所需要的愛。

風箏少年們的環島前移地訓練之淡水站，在 ILA 音樂餐廳的專場演出。

4

有 些 過 去

兩週移地訓練可算是環島蜜月期，台東與淡水的行程結束之後，少年將要正式代表家園，開始進入全國的安置機構以及高關懷班，執行風箏計劃巡迴演出的任務了。

　　六到八月間已經陸續收到來自各地機構的課程及邀演報名，風箏計畫已在青少年安置與社福的領域打開知名度，行程規劃裡我們將去到三十個以上的機構，透過演出、藝術課程以及少年的生命故事分享和各個機構的安置少年、少女進行「用生命影響生命」的互動。而另一方面我們回饋給住宿提供者的，就是協助民宿工作與演出，讓阿弟仔在換宿中有更多機會接觸不同的生活面向。

　　不過風箏計畫從一開始在家園的藝術培訓營和這兩個星期以來的移地訓練，不斷地踩到體制的紅線，家園對我們的信任感也不再堅定，要我每天回報的工作日誌，了解少年的身心狀況、行為表現及隔天的行事排程以外，也將會不定時派老師來探望少年。

「我媽媽曾經做過八大⋯⋯」

　　帶著阿弟仔正式啟動環島的第一天，我們要去的第一個機構是在宜蘭的某機構從下午到晚上進行一系列的戲劇課程、講座、表演與分享會。一大早大家從淡水出發，中午前得抵達宜蘭，浩瑋安排的路線是走北海岸繞過東北角進入宜蘭市區的路線。沿路經過石門、金山、貢寮的時候他也跟阿弟仔說明這些就是核電廠所在的位置，以及這一二十年來反核運動的故事。這一次阿弟仔不像是在杉原灣那樣左耳進右耳出了，阿弟仔聽著，然後也丟出幾個他們獨特觀點的回應。

　　「阿核電廠如果這麼不公平把他炸掉就好了啊！」

「等我從機構出去後烙幾個兄弟來把它拆了,我看跟拆摩托車差不多啦。」

「對啊對啊,等我長大以後來把他炸掉。」

一路上這樣的對話讓人啼笑皆非的充滿開在濱海公路的休旅車上,但爾偶把角度拉遠看著這幾個少年和浩瑋對話的感覺,也有種像是爸爸在對小孩說故事的情景,只是這個故事,不是童話。

一路上除了開車的人,大家都是睡睡醒醒,車子轉進宜蘭市區來到了風箏計畫的第一個機構。

「這是機構喔?怎麼怪怪的也沒有門牌。」銘仔嚷著。

這個機構是一棟獨立的舊公寓大廈,外觀上沒有招牌,進出也需要由專人開門才能進出。機構的主任出來引導我們一行人進來,大家開始架器材、安排課程與表演的大小事。一邊整備大家其實也一邊觀察,對我們這些大人來說,唯一接觸過的機構就是陳綱少年家園,因此以為機構就像是有附設宿舍但比較偏僻的校園,應該又大又寬敞,還有著很多教室還有操場。但這機構就是棟舊公寓,然後隔成了很多的房間,看起來頂多就是讓安置的少年用來生活,那他們休憩和學習的地方要在哪呢?

「喔!這裡怎麼跟家園差這麼多啊?」小張說。

「啊,每個機構本來就都不一樣齁!」這句話由阿旺來回答最合適了,因為阿旺從小到大住過很多機構,阿嬤那裡是他住過的十二個機構中待最久的一個,但也是逃跑最多次的一個。

「想不到我們家園還真的是不錯欸,跟這裡比起來跟本就五星級啊!」銘仔一副來考察的模樣,將手托著下巴邊打量環境邊講。

「欸欸欸,你們幾個講小聲一點,不要給人家聽到了!」浩瑋

在旁邊低調的示意大家。

「我剛剛有看到阿嬤的照片在門口耶，就是手上拿著獎狀的那張。」小張說。

「是阿！我們跟阿嬤認識很久了，你們的老師之前也有來我們這裡參訪交流，所以才有這張照片在這裡，對了！吃完飯以後，我們這邊的女生就會上頂樓跟你們一起上課！」

「女生？！」從督導口中聽到「女生」兩個大字，浩瑋跟少年的心臟都大跳了好幾下，機構不都是男生嘛？

「哇賽！女生欸！！怎麼會這樣？！怎麼辦我會緊張啦！我現在好想跑！」

「齁，阿弟不要緊張啦！我們這麼帥，沒問題的啦！」

銘仔和杰董兩人在一旁對話，看的出來銘仔的害羞和杰董的故做鎮定，不過話雖這樣說，還是感受的到他們在緊張底下的微微興奮與期待，怎麼說呢？青少年嘛！

餐廳在地下一樓，說是餐廳，其實也只是一個像是視聽教室的小空間。中午我們和少女們一起餐廳用餐，阿弟仔自顧自的擠在一旁，低著頭猛吃飯。

「超大碗的，阿弟（杰董），你要不要吃我的？」為難的杰董先扒了自己的碗公，再來並沒有如常的好胃口吃更多了。

「我們女生都不會害羞了，男生別扭扭捏捏唷！」坐在男孩對面的少女一語道破少年的緊張。

阿弟仔露出心虛的微笑，只顧著低頭用餐，倒是阿旺和小張稍微大方一點點，給了女孩們一個尷尬卻又帶著善意的眼神回應。飯後休息一下，下午的戲劇課程即將開始，大家走上頂樓加蓋的空間，

準備迎接這充滿意外的風箏計畫第一場課程。

「大家好，我們是風箏計畫的團隊。我旁邊這幾個男生他們也跟你們一樣目前都還住在機構裡面接受安置，有從社會局來、也有從法院來的，這次的計畫他們也會和我們一起表演，不過因為他們太久沒有看到活的女生了，所以等下可能會有點緊張，請大家見諒……」

下午的戲劇課在彼此的笑聲中度過，但課堂中的閒聊大家也發現了一個特殊的緣份，其中一位女孩知道我們從陳綢少年家園過來，立刻向我們打聽一位叫做阿豪的少年的近況。一問之下，才知道原來這個女生是阿豪的親妹妹，因為一些家庭的因素，兩兄妹目前都分別在接受安置中。聽來心酸，但其實這樣兄弟姊妹同時在安置的情況，其實也時有所聞，就像之前浩瑋想帶著一起環島但未能成行的少年阿宏，他的姊姊也住在另一個機構裡。

晚餐過後風箏計畫的表演分享會正式開始，剛剛才吃過飯的餐廳，整理過後又成了視聽教室的空間。

「我是余浩瑋，今年三十二歲，摩羯座，單身，我做劇團、也組樂團，我……」到了晚上分享會，風箏計畫前導影片一開場就讓女生笑了。青春時期壞事做盡只差沒被關的余老師，開始讓台下露出專注的目光。

「現在我們先唱首歌給大家聽，這幾首歌都是我自己的創作，四位阿弟仔會跟我一起唱，他們等等也會分享自己的故事。」幾首曲子的演唱結束後，浩瑋與少年放下樂器，拉了幾把椅子和少女圍成圈，開始分享彼此的生命故事。

小張：「以前我跟媽媽一起住，那時候她從事的行業是八大，我很不喜歡，所以她上班前我都吵鬧故意不讓她出門，她就給我施打毒品，打完後我就會睡覺，後來被我外婆發現手上的傷痕，她就通報社會局，後來轉了幾個機構也住過寄養家庭，現在的我很渴望改變，因為我的媽媽她也開始變好了，有穩定的工作也不再碰那些東西了，我希望可以趕快結案出去和她一起生活……」

　　阿旺：「我換過很多個機構也住過寄養家庭，大概有十二個，每次我都一直逃跑，因為我想回家。可是他們不讓我回家，逃跑的時候出去犯了錯，所以也『進去反省』過，我媽媽知道以後就很不諒解我，我去年過年沒有看到媽媽，我希望我可以回去找她請她原諒我。」

　　杰董：「我從小在機構長大，後來換到現在的機構。」

　　銘仔：「我從小就很乖，但是在家裡常常看到我爸在打我媽，到了國中，有一天我爸爸喝酒快把我媽打死，從那一天我就發誓要變強，然後就開始做了很多壞事，然後進了少觀所，被判到家園安置，剛開始的時候我表現很好，可是後來放假的時候因為想玩，然後就跟朋友出去沒有按時回機構又犯案，所以又再進去少觀所，然後我出來回去的時候遇到浩哥，然後我就出來環島了。就這樣，謝謝。」

　　少年各自談完自己的故事之後，浩瑋都還沒有開始要進行下一個階段，台下立刻就有人說他們也想要聊自己的故事，突如其來的舉動讓我們感到驚訝。

　　「我，我之前交了一個男朋友，他會吸毒，後來我也跟著吸毒，然後我們一起被抓，之後我媽媽不讓我回家，男朋友也不要我了！

我沒地方去就在外面流浪，後來犯了錯被警察帶走，法官就把我判到機構來，現在我在讀高中了……」一位少女說著說著開始哭了起來，泣不成聲的她中斷了分享，幾位少女拍拍她的肩給她一些安慰，而另外兩位少女也接力分享……一時間原本歡樂的氣氛，轉而成了彼此心靈交流與鼓勵的場合，待大家都分享完自己的故事之後，浩瑋要大家稍微收拾一下淚水。

「說了這麼多，我們該來唱歌了！還是說，你們四個也有要給人家一點回饋？阿旺，你想說話嘛？」

「我覺得，能改變就是很不簡單，你可以的，要加油！」阿旺對少女說完之後，圈圈裡有更多雙眼睛都哭紅了。

「凡事要相信自己。」銘仔也肯定的對著少女說。

大家說完後，少年獻唱最後一首歌，這是浩瑋當初年少叛逆荒唐流浪街頭時所寫的歌，在家園的時候由彥竹帶著弟仔們一起重新編創了兩段 RAP 在其中，這首全新的〈解救我〉要第一次分享給不同機構的年輕人。「我不能給我自己承諾／因為我害怕都會落空／我不能違背你的期望／可是我還有夢想……」聽著聽著，少女們再度泛起淚光，讓大家感受到彼此的陪伴，因為都經歷過被「遺棄」，而產生相互了解與支持的力量。

解救我

我不能給我自己承諾
因為我害怕都會落空
我不能違背你的期望

可是我還有夢想

也知道　現實夢想
在那之間要去衡量

現在的我　應該怎麼做
說了再多　還不是要走

Rap
「也許我們有一段生活
但過去到現在完全不同
一路上你們的感動
讓我們沒有寂寞的感受」

這是種寄託　一種寄託
迷惘之中　我的所有

怎麼做　怎麼說
我會盡力去做
就算我　什麼都沒有
擁有了你　就足夠

該不該　我的生命
交給你　誰來告訴我

Rap

「從前的我是那麼的乖

現在的我是那麼的壞

你們的那一句話 是我心中永遠的痛

我想過要改變 一直以來再放棄

不想被看不起 夢想就該自己追」

解救我　帶我走

解救我　帶我走

解救我 從一個人的

世界裡 爬出來

你是誰 我不會在乎

只要你能夠 帶我

離開　離開

　　演出結束後，機構的主任與老師也過來不斷的給少年鼓勵。浩瑋一聽，趕緊拜託主任一定要找機會告訴陳綢少年家園的老師們，讓他們知道少年的表現是值得被肯定的。

　　大家滿足地離開了慈懷園，回家的車上大家意猶未盡的聊起今天的收穫。

　　「剛剛那些女生真勇敢，怎麼講這麼多，我都快招架不住了！」銘仔說。「你平常不是很會說，碰到女生這麼害羞，人家說這麼多，你們還有要回饋嗎？還是你們把想說的話寫成卡片，我們後天去拿

問卷（演出回饋單 [2]）回來的時候送給人家，怎麼樣？」少年對浩瑋的提議同聲應好。

　　說是要回家，並不是要回淡水，而是要前往我們在宜蘭要住的地方「武荖坑民宿」，民宿主人小蓁姊和建隆哥也是一對熱心公益的夫妻，他們平常在夜市擺攤，也經常到偏遠學校免費做雞蛋糕給孩子吃。小蓁姊有個換宿條件——希望我們在客廳表演一場給她的孩子看。

九月十五日

阿旺：...我們到了慈懷機構時，感覺自己的機構很好，是超好吧！

銘仔：...下午一個一個女生來上課，我也越來越害羞越來越刺激，第一眼
看到他們真的很害怕，但是久而久之也習慣了，他們也很大方會和
我們聊天。...

杰董：...在教課的過程中，大家都玩得很開心，雖然有一點累...

小張：...到了晚上浩哥跟他們分享了他的故事，後來叫我跟他一起表演，
我們也分享了我們的故事，他們也跟我們分享他們的故事，看到他
們一個個的哭了，突然覺得他們很勇敢，因為可以面對那些過去然
後分享出來...

雖然心急，但有時只能等待

第二天因為沒有安排進機構的行程，所以我們安排少年打球以及寫作業。到了傍晚，遠方出現一台貌似家園的交通車，該不會家園又來突擊檢查了吧？但我們都覺得應該不是，因為家園有表示過，只要來訪都會提前通知的啊。結果家園的老師小六和小叮噹就現身在入口，這情景讓我們十分錯愕⋯⋯

阿旺一邊幫忙做晚餐一邊說：「家園老師真是的，要來也都不會先講的？」

「不要囉嗦啦！人都來了，快點幫忙算算到底要煮多少麵條！」我說。

一起用過晚餐後，大家一起聚在小蓁姊家的客廳觀賞演出，被監視而不爽的情緒在表演中延燒開來，就在唱完〈腦袋不是用來長頭髮的〉之後，浩瑋突然轉向小六老師與小叮噹老師，冒出了一句：「老師，你覺得我們的歌是在談政治嗎？」面對浩瑋的挑釁，小叮噹一臉尷尬，小蓁姊的孩子只是瞪大眼睛看表演，似乎沒有感染到這緊張的氣氛。

客廳演唱會結束之後，浩瑋又跑去跟小六老師講話。「小六，說真的啦！你自己有覺得我們的歌曲很政治嗎？」

「嗯，嗯，是沒有啦！但是我聽說什麼叫『過橋』的歌，不要再唱就好了。」

「我跟你說，那首歌跟你今天聽到的『反迫遷戰歌』一樣，都是在講平等正義這些價值，雖然『過橋』是有兇了一點，但你不讓小孩子去接觸這些事情，他們永遠也不會了解你們口中的政治，就像在家園沒有人跟他們說這些，但這些都是我們社會的一部分吧？

他們遲早都要懂！出來看看世界，也是有個機會讓他們知道外面是長什麼樣子。」

「這我知道啦！但你知道家園的顧慮，你知道阿嬤會生氣，就是要避免這些啦！你自己再想看看吧！時間不早了，我們得先回埔里去！」

其實家園的老師也很辛苦，為了這個計畫還要在一天之內來回宜蘭和埔里。這個討論一時間也得不出什麼結論，時間也晚了，只好先擱著。

其實今晚浩瑋和家園老師的對話，小蓁姊全聽見了。後來，她私下跟我分享道：「我是當人家養女長大的，到我二十八歲才第一次見到生母，兩年前才見到父親，但他現在已經過世了。我的生命讓我學習到很多事，加上自己有四個這麼特別的小孩（亞斯伯格症），也許體制沒有辦法接受他們，那麼我們自己就用更多的愛來看顧，因為你付出，上天總是會以十倍的能量回饋給你。所以當我聽你們在唱〈血液〉時，我非常激動也很感動，又再一次提醒我，得要知道自己從哪裡來，才會知道將來要往哪裡去。我也稍微能體會你們承受著家園的壓力，不要放棄，一定能找到溝通的方式，也許只是時間還未到。」

血液

你用堅強的笑容　過都市的生活
你深邃的眼眸　有太平洋的風

沉默 沉默
思念又何只是鄉愁

純潔的百合 飄蕩海洋中
媽媽的花環 是歲月的雙手
沉默 沉默
在你想要回家的時候

你黑黑的肩膀 太多徬徨
遙遠的彩虹 是天邊的故鄉
你總是低著頭
而你又要往哪走

也許有一天 你想不想改變
不用再流浪 想不想改變
你沉默 沉默
就在你想要回家的時候
HAY YAN HAY YAN HO
牽著 VUVU（祖母）的手

　　上次告別阿嬤時，她要少年每個人一週寫一封信回去，這一週
也該開始回報作業進度給家園。隔天，浩瑋自己也寫了一封信給阿
嬤，要阿嬤放心，他一定會好好遵守諾言。

《給阿嬤的信》

阿嬤，我們最近都過得很好，妳不要煩惱，我們也有聽妳的話都自己煮飯，沒有去吃外面的了，我們也都很認真的在表演，上次妳來，讓你失望了真的對不起，我們會盡全力去做，因為這是我們選擇的，我們不會丟家園的臉，浩瑋老師也有認真的照顧訓練我們，也請妳不要在生氣了，我們一定會做給妳看的。

小張 敬上 9/16 宜蘭

阿嬤！我是杰董，雖然每天看不到你，但你給我的項鍊我都有帶者（著）喔。阿嬤其實你不用太過擔心，我們不會讓你生氣的，阿嬤謝謝你讓我們可以有環島的機揮和選擇，在過成（程）中我會表現出最好和最優秀的自己。

下午，大家到冬山河邊去看小蓁姊兒子的獨木舟練習，他遠遠對我們揮手，一下就不知划去哪裡了。

浩瑋也讓少年各自找樂子去：佩瑄陪著小張畫畫，阿旺幫以軒按摩紓壓，就這樣度過一個下午的時光。傍晚時，我們前往昨天表演的機構拿少女填寫的演出回饋單，也順道把少年的信送過去。阿弟仔也趁機對女孩秀了剛學不久的帥氣舞步；銘仔離開的時候，還把自己的帽子送給心儀的豹紋妹。

歡樂的時光過得很快，第三天早上，還帶我們去朋友開的花店，老闆娘送給每個少年一朵向日葵。我們在小蓁姊的擁抱中揮別宜蘭。

【2：演出問卷】
風箏計畫的每場機構演出都有設計問卷，讓參與分享會的青少年能夠回饋想法或感受。通常現場直接的 Q&A 時間大家比較害羞，在許多我們回收的裡反而可以更詳細的知道機構青少年的心情甚至是生命故事。

風箏少年們搭公車前往巨獸搖滾音樂祭。

風箏少年與淡水男孩樂團在巨獸搖滾音樂祭演出。

巨獸演出後，風箏少年與機構的前生輔員蕭逸合影留念。

5

心 的 方 向

在安置期間的「保護」規定下，少年依規定只能在年底假期以及過年時回家；平日只有週末才能打電話報平安，准予家長事先通報後安排懇親時間，平時要是表現不佳，也會被禁假，紀律嚴格得像軍隊一樣。沒家可歸的少年如杰董，得在安置機構裡面過年，除了可獲得比平常要長的上網時間外，留在家園也得做些勞動工作。

這次環島住宿都盡量的安排打工換宿，許多民宿朋友都願意提供交換，也讓少年有機會進入到不同的家庭裡生活。

這一路上都是我們帶路，不知道他們有沒有很想去的地方呢？為了讓少年在被安排好的旅行中能有一個屬於自己的方向感與目的，浩瑋請大家提出「最想去的地方」。不約而同，大家最想去的那個地方，都是「家」。

最想去的地方

雖然回家是不在這次計畫中家園允許的事情，但為了幫少年完成一件想做的事，大家也基本上也顧不得什麼規定了。我們跟家園回報了行程臨時有變動，我們要提早一天回台北，我們選擇走北宜公路，因為途中時會經過烏來，也是銘仔從小生長的故鄉。

距離銘仔上次回家已經半年多了，他的媽媽平時忙著餐廳的工作，只能盡量抽空去埔里探望。這天銘仔的母親特別安排了休假要等他回來，還約好和我們一起吃午餐。

「阿姨，你好！」三位弟仔非常有禮貌的和銘仔媽媽打招呼，反倒是銘仔自己在旁邊露出不好意思的表情。如果「近鄉情怯」這句話要找代言人來具體呈現的話，此刻的銘仔絕對是第一首選。

「啊你在旁邊看做什麼？去幫大家盛飯呀！在去冰箱拿幾瓶飲

料出來給大家喝。」銘仔的媽媽吆喝著銘仔快點替大家服務。

「欸銘仔，你跟你媽媽長好像喔！」瑋盛說。

「對呀對呀！連聲音都好像。」以軒也跟著附議。

「吵死了，吃飯啦！」銘仔害羞的嚷嚷。

「欸！不要沒禮貌！」銘仔的媽媽笑著示意銘仔。

眼前的這對母子真的很像，都是瘦瘦小小的個頭，略帶沙啞的嗓音，這再正常不過的親子互動，在今天看來更顯動容。

午餐結束後，風箏少年要為媽媽演唱，地點就在銘仔家的客廳。一回到家裡，銘仔忙著東翻西找，一下子回房間，一下子在客廳，媽媽說：「不要拿你姊的東西唷，我會被罵。」「看一下又不會怎樣！」銘仔嘴硬回話，其實他今天緊張地不知如何跟媽媽說話才好。房間的床還為他空著，偌大的房子裡家具不多，神桌供奉著祖先、神明，銘仔熟門熟路的打開抽屜，拿出香和打火機祭拜。

「我們這裡的警察，只要發生事情，都會先來問我是不是妳兒子幹的，住這邊居住感覺被歧視，鄰居都有異樣的眼光。」銘母回憶，銘仔小時候在學校成績一直都很好，還參加角力隊，所以即使瘦小卻很精實，背部肌肉線條明顯，看起來打架就是會贏。而這一帶的「猴小孩」彼此都認識，自然地全聚在一起搞怪，只是上了國中之後交了很多朋友，就開始叛逆、不回家跟著別人在外面混，結果混到現在這樣子，媽媽感嘆地說，銘仔小時候真的很乖。

寒暄的時間越拖越長，沒有家人可以相見的杰董越發不自在，整張臉垮了下來，雙眼無神的坐在客廳角落，低頭玩著手上的鋁箔包。浩瑋問：「銘仔好了沒？大家在等你！」銘仔站在神明桌旁：「吼～我不知道要跟媽媽講什麼啊！我們就表演嘛！」椅子排好，

大家就演出位置，這場不插電的客廳音樂會觀眾雖然只有銘仔的媽媽一個人，但是大家絲毫都不馬虎，把正式分享會的曲目全部都唱了一遍。偶爾銘仔的眼神會落在媽媽身上，但只要一意識到旁人的目光，他又立刻閉上眼睛或是把頭抬的老高。唱到最後一首歌〈解救我〉的時候，正好一道陽光穿透窗戶從銘仔媽媽身後撒下，她靜靜看著演出，嘴角微揚，跟著節拍身體偶爾擺動一下，模樣慈祥又可愛，客廳裡的電扇吹動窗簾輕輕的搖曳，時光的溫柔彷彿在這一刻靜止。

　　演唱結束之後，銘仔的媽媽拭去眼角的淚，為大家鼓掌，「不錯啊！你們四個很厲害！要不要回學校找老師，也去表演給老師看！」銘仔開心的點頭。於是我們一行人從大馬路拐進蜿蜒的小路走了幾分鐘後，來到銘仔的小學母校，被群山環抱、學生只有百來位的烏來國小。

　　學校正在上最後一堂課，銘仔媽媽去找班導師，不巧當初帶過銘仔、影響銘仔最深的老師剛好不在。兩位來接待的老師看到銘仔表情十分欣喜，敘舊後浩瑋向他們介紹環島計畫及來意。老師感慨提到這邊的孩子得下山到都市去讀國中，不知道是否因為學校太大班級人數多，老師照顧不及，因此孩子感覺被冷落，不能適應，就不想去上課，而銘仔只是眾多現象的其中一個例子，簡短的話語道出了無奈，就像呼應著銘仔的媽媽在家裡客廳對我說的話一樣，或許這些曾經犯過錯的少年並不是本性頑劣，環境的因素讓很多人即便想要改變也使不上力。

　　銘仔帶媽媽衝去弟弟的班級。兄弟倆很久沒見，看到弟弟先是給他一拳，然後才是深深的擁抱，這重逢的畫面十足有銘仔的風格，

但弟弟有些不知所措，急忙又害羞地跑回班級去。

老師跟校長介紹了風箏計畫，也知道銘仔這次跟著一起回來，還特別安排了在集合放學宣布事項的時候安插五分鐘的時間讓風箏少年演出，少年也自行討論要表演跳舞、唱歌，還是 B-Box。

放學時間一到全校學生集合於操場，校長宣布學長要回來替大家表演，阿弟仔唱著融入 B-Box 改編過後的「玖壹壹樂團」的名曲〈下輩子〉，讓全校的小朋友為之瘋狂，底下還有人跟著合唱一起打拍子。表演完，校長也提議下次可以提早聯絡，由他安排更長的時間，讓大家能夠更完整的和小朋友們分享，也鼓勵銘仔要努力完成環島。

結束了這次突然的演出之後，少年的玩心又起，四個人與瑋盛朝溜滑梯暴衝追逐。

「阿弟，阿弟，我在這！」銘仔呼喚杰董。

銘仔：「哈哈，你不要把滑梯壓垮了」。

杰董：「你這隻死猴子！看我怎麼抓到你，不要跑。」

幾個人純真地看起來就像小學生一樣，這段時間相處下來，很多時候都會覺得其實這些少年真的都還保有他們純粹的那一面，也不知道這是不是種錯覺，「但……」「希望……」這兩個字常常都會伴隨著這種想法，偶爾冒出頭。

「銘仔，要乖、要聽話，老師等你回來唷！」

「好啦，我會很穩啦！」銘仔一貫的耍帥回應媽媽。

「穩你個頭啦，你夠穩就不會被安置了啦！」浩瑋見狀立刻補上一刀。

一群大人小孩在街上道別，分別沒有想像中的離情依依，銘仔

簡單的和媽媽擁抱後大家互相道別離開。銘仔心情大好，因為這一趟可真的是圓了回家的心願！看著今天的互動，也讓其他三位少年都想起了自己的「家」。

「縣長，為什麼你不讓我回家？」

順著環島的路程我們從宜蘭當作起點，然後從基隆、台北繞回西部在一路往南，經過屏東後，再去台東、花蓮完成繞台灣一周的行程。接下來可以帶杰董回去他在桃園待了最久的少年之家看看他敬愛的老師，那是他所待的第二個機構，每到假日他都會要求與那裡的督導聯繫，在環島時沒有家人的他也是每週說要打電話回去跟以前的老師聊聊天，但對於這點，家園則是告訴我們盡量不要讓杰董這麼做，至於原因，只說這樣「不好」，而我們也就沒有再追問。

至於阿旺，天天都把回家掛在嘴邊，因為他很思念已經半年沒見的媽媽，名義上，阿旺的媽媽不是他現在的法定監護人，但他總是希望縣政府可以幫助他早點回家，他還寫在他的創作歌詞裡面，他說：「縣長為什麼你是我的監護人，為什麼你不讓我回家？」但這次帶他回家，他要先思考如何面對媽媽，不知道媽媽會不會原諒他先前犯的錯。

小張每週也打電話回家跟媽媽報近況，但這次他的目的是要讓以前的機構老師們看到他正在努力的事情，帶著一點「要給同學好看」的霸氣，說要在機構進行演出。這些心聲，都讓人更堅定要幫助他們完成心願。

九月十八日

杰董：...在表演中我看到銘仔和他媽媽在一起，看起來就很開心，因為他們終於可以可以在一次會合。...

小張：...他媽媽看銘仔的表情我覺得很感動，後來也和他媽媽聊天，他們這對母子互動真的很可愛，...後來我們去銘仔的母校參觀，他們放學時還表演給他們看呢！...

銘仔：...中午到了家，我媽媽請大家吃飯，吃完我們表演給我媽看，看到他的表情我很心痛...我也還有很多很多話想跟他説，但不知道怎麼説，希望下次看到媽媽，我已經結案了

余浩瑋日誌

或許沒有接觸過這個領域的人不曾想過，少年安置後的命運是如何決定的？答案是保護官、監護人與社工，所有「大人」加在一起的討論結果，孩子真正的想法往往被忽略，這正是少年處遇中經常發生的消權現象，孩子最終沒有參與決定的權力，只能乖乖的聽從安排。

又如，讓「縣市首長來擔任監護人」，可想而知這些「監護人」真正來看孩子次數有多少，有也不過就是例行的吃個一頓飯，多數甚至是零！更難奢望這些「紙上」監護人，能陪孩子聊聊天說說話，聽聽他們心裡面真正的想法。種種限制保護的結果，導致年輕生命的盼望與熱情一再被消磨，對自己很少抱持希望和信心。

當我們一直不斷的在衝撞這個有問題的「保護」，也真的做了很多體制內不允許的事情，如同自白、回家、了解政治等，很多時候我也會質疑自己這樣做好不好？對不對？但是當我們把生命的真諦放在第一優先時，每天都能感受到這些孩子的不同與改變，即使只有一點點，也盡所能讓他們得到愛與呵護。

一生奉獻給機構的督導

杰董常常告訴我們，以前他在前機構參加「大改樂團」[3]擔任鼓手的豐功偉業，甚至還進機構巡演，他就是在那裡學會打鼓的。

在和杰董前機構聯繫時，對方表示最近正忙碌，可能沒辦法接待我們，因此浩瑋決定帶他直接衝到桃園去。到了杰董前機構的門口，我們先以電話再次聯繫，但老師們忙著開會仍說沒有時間跟杰董見面，浩瑋覺得都來一趟了，決定不顧路人眼光，在街頭直接開

講，少年排開演出陣仗，在路邊對著機構大樓喊話，讓杰董透過麥克風念出自己寫給老師們的信。

「我今天來是因為我很想回來看你們，因為我覺得你們是我的家人，我永遠都不會忘記⋯⋯」杰董大聲說出心裡的話，路旁來來往往的人投以奇怪的眼神，但這四個少年臉上卻沒有退縮的神情，一股團結的神情竟然浮現在他們幾個人的眉宇之間，大家都期盼著杰董的心聲能傳進那個開著重要會議的會議室裡。杰董的告白結束，建築物裡有人探出頭喊了杰董的名字，老師們終於現身，在陽台對著大家招手。

「不好意思，我們剛剛真的在開會。」張督導跑下來接待我們，杰董也趁勢說他想要表演給督導看，督導欣然的接受並立刻安排表演場地，台下觀眾只有他一人，風箏少年就在機構的教室裡演唱，說起來像是唱給杰董的督導聽，但在我們看來，這一次更像是為了杰董而唱。

浩瑋也跟解釋張督導這次突然到訪的原因。「我們冒昧來訪也是不得已，因為家園那邊不願意我們帶杰董回來，我覺得這之中一定有什麼因素，但我知道杰董他一直很想念這裡，對我來說，很單純就是希望完成他的心願，如果今天有什麼冒犯的地方，請督導諒解。」

意外的是，張督導也和我們分享這幾年的故事，提起當初杰董是突然被社會局帶走，就沒再「回家」的經過。

「我以前也是更生人，像你一樣歷經生命的轉變，所以我投入這個領域，二十多年來也是不斷募款，撐過每個關卡。當初杰董要離開非常的突然，我也對社會局的處理感到很訝異，他突然就被社

工帶走。我去找社工理論，但我們安置機構沒有權力把孩子要回來，可能是那位社工沒有很瞭解這邊的狀況，不知是看到我們設備簡陋，還是什麼原因……謝謝你們帶他回來，他以前……」

　　在說著與杰董相處的回憶時，有好幾次張督導邊說邊摸著杰董的頭。他也說投入機構陪伴孩子的這二十年的歲月，他的人生就再也沒有離開過這裡，他的太太和孩子到現在也都還和機構的孩子一起住在這裡，杰董以前在這裡住的房間，就是當初督導的孩子出生時住的房間。

　　離開之前，杰董也獲得了一大袋的零食、好幾瓶運動飲料，趁著放學時間，他進進出出跟同學道別，非常捨不得離開。告別督導後，他帶著我們去他常玩耍的公園打球，天空的雲突然散去，出現了一道彩虹，杰董的笑容和心情異常燦爛。但這時我們大人卻在為了新竹住宿沒著落而煩惱著。

【3：大改樂團】
由更生團契桃園少年之家張進益牧師所成立的「大改樂團」，成員都曾是少年之家的青少年。期望透過音樂改變自己，也透過音樂影響其他人。成軍至今舉辦過多次的全台監獄巡演、更曾受邀至美國巡迴。如今正在錄製第一張專輯。

九月二十四日

杰董：今天我真的感覺到有家的感覺，這是我第一次這麼開心，想不到我
　　　自己也有這麼開心的時候，想起半年前回憶和點點滴滴，讓我有所
　　　難過想回去，明天就可以游泳了，真爽。

銘仔：...很開心杰董可以看到自己的家人，今天看到杰董我覺得我真的比
　　　他幸福，雖然杰董沒有家，但等他十八歲我的家一樣也可以是他的
　　　家的。

小張：...後來我就在想我到底可不可以回以前的機構，因為我真的很想之
　　　前的老師，也不知道他們會不會熱情的招待我。

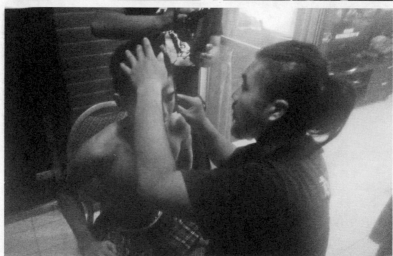

上：風箏少年們的環島前移地訓練，在竹圍工作室自己做晚餐，餐後替杰董慶生 15 歲生日。下：浩瑋在自家陽台替風箏少年們理髮。

《給阿嬤的信》

阿嬤最近來好吧！身體有顧好吧！我們都有聽您的話，沒有讓您失望，因為這是我們自己選擇的路，所以一定會做到最好，我們現在就很成功，沒有給家園洩氣，反而為家園爭光，這條路真的很累，不過我們都是為了一個目的，然後堅持下去，阿嬤您不要擔心我們，我們會做好，讓您看到的。

小張敬上

阿嬤你好：我阿旺，我這一個月聽到很多叔叔們在講自己的故事，而我們也去了很多機構做演講和表演，他們的機構，有點好有點嚴格，但我覺得我們機構是全台灣最好的，而阿嬤身體健康，不要煩惱，我們在外面的生活一定很順利，但不順利的時候我們會去考慮和討論，我們天天有煮飯，而老師他們也會教我們煮飯。

我也和阿嬤你說，我們會完成環島

謝謝阿嬤

身體健康

6

學著付出

這天，我帶杰董去看皮膚科後就先到了竹圍工作室，他一面寫作業，我一面準備午餐。銘仔看到我，就說他也要看皮膚科，因為他好像長了疥瘡⋯⋯他懷疑阿旺是帶原者，因為這幾天都看到他一直抓癢，下午大家也逼著阿旺要去給醫生看。

一天連三看，診所的阿姨也忍不著對我發問，幹嘛不一起來呢？

「喔！那他們有一起睡覺的話，特別是有抱在一起的話，棉被要用垃圾袋悶住晒過，衣服要分開洗，最好是用熱水燙一燙，疥蟲才會死掉。」這話讓浩瑋聽得頭皮發麻，要他們徹底打掃房間。原來疥瘡是一種少年很容易相互傳染的疾病，在機構過慣團體生活的他們，很多人已經不是第一次發病了，要怎麼根除，少年比我們還有經驗。

此後，沒人要跟阿旺同床，也不敢跟他的衣服一起洗。

其實，這次環島，除了陪伴的工作，我們也身兼「保姆」，也就是有照顧的義務。出發環島前，家園都先替少年作了健康檢察，這幾天少年的健康報告出爐，家園希望我們就近找醫院進行追蹤。

若依少年外型判斷，會以為銘仔年紀最小，他有發育不量和貧血的問題。銘仔檢查報告顯示有輕微的貧血，要多注意飲食的均衡，不過他最近跟著浩瑋吃素，漸漸不喜歡吃肉，而我們有時也因備餐的方便忽略買肉，然而杰董跟小張倒是很介意這點，覺得沒吃肉就吃不飽，常常在餐桌上露出失望的表情。十四歲的杰董，有過胖症狀，但他老是喊著吃不飽，大家也習慣給他加菜。阿旺則是因為工作受傷關係，關節需要長期復健，並打了一劑 B 肝疫苗。至於小張，因為環島越來越壯，每餐都吃四碗飯，不停長大。而醫生吩咐大家共同要改進的是喝水不足、運動不足、應早睡早起！

我們肩上的任務又多了一層，三餐的營養、疾病的預防、飲水的補給等等，發育中的食量也讓風箏計畫的伙食費總是破表。

　　排定隔天下午出發前往基隆，由於「淡水男孩」要去立法院演出，浩瑋答應吳董事長不帶孩子參與政治性的活動，所以我們兵分兩路出發。抵達「基隆家扶中心」時，少年明顯不太理會我和以軒的指揮，只能任由他們自行決定要不要練習，直到浩瑋和彥竹從立法院回來，少年連澡都還沒洗。後來讀了日記才知道，今晚少年都很想去見識政治場合的演出是什麼樣子，但遭到家園禁止不能去，才會故意擺爛。

遇到幼小的，他們就照顧

　　「家扶中心」和「安置機構」的形式截然不同。「家扶中心」是關懷服務的據點，照顧的孩子都沒有接受安置情況，年齡層從小學到國中都有，孩子都是課後或假日才過來一起用餐或是進行活動，和家園的氛圍截然不同。

　　這次的課程活動因為對象不是只有和阿弟仔年紀相仿的同儕，其中有蠻多國小一、二年級的幼童，這個年齡層也是浩瑋最沒轍的對象。但是阿弟仔就不一樣了，他們反而很喜歡和小孩相處，不管是課堂上的互動、還是下課時的玩耍時間，不管是阿旺、銘仔、小張還是杰董總會有一群小小孩圍著他們打轉，有時玩開了，瘦小的銘仔都還會把孩子抱起來「飛高高」。我發現，阿弟仔和比自己年紀小的孩子相處時，更願意分享他們柔軟到一面，在那個當下，感覺整個空間都充滿了愛，他們平時擺爛與叛逆的模樣也消失無蹤。

記得有一次，我們到苗栗「牧羊人關懷協會」，來參加活動的對象從九歲到二十二歲都有。那天我們為大家準備的是街舞課程，由阿塑負責教課，其他的弟弟就擔任助教。這是阿弟仔第一次擔任教學的工作，原本以為他們會很沒耐心或是教不好，但是一整天下來，看著他們非常認真地一個一個動作去教那些年紀比他們更小的小朋友，或是學習比較慢的青少年。

　　尤其是銘仔，他負責教一對八九歲的小兄妹，妹妹很害羞，銘仔就慢慢的哄她、逗她開心，還背著她到處玩，收服小妹妹的心之後，又帶著她一起上台表演，一整天陪著她，也沒看銘仔喊累。風箏少年表現出他們從來沒有表現出來的一面，充滿了愛，也願意分享。是否這樣子的陪伴與相處，還有不斷的認識與接觸新的事物，能夠打開這些孩子的感官以及對於世界的連結，觸動他們發揮不同的一面呢？我一整天這樣想著，也因為他們的表現而開懷到不行。

　　那天課後，社工逸祥說道：「我們的小孩子都跑來問我以後可不可以學吉他、學 B-Box，他們真的很喜歡你們的表演。」他放了一部自己帶孩子爬樹、野地求生的紀錄片，並且說明了他在基隆家扶帶領孩子成立中心壘球隊的用意；如同這次他主動邀請風箏計畫來辦分享會和課程，滿腔熱血的他，正嘗試體制以外的方法，多為需要幫助的孩子做一點事，他和浩瑋交換了很多戲劇教學的想法，希望未來可以應用在輔導少年上。

九月二十一日

小張：...走到里民活動中心，我們先做準備，我做一下子，就趴到桌上去偷睡，被浩哥罵了！浩哥跟往常一樣，先來一個講座......過程中大家都玩得很開心，流了很多汗，也認識一個超級可愛的小弟弟，活動結束後我們先回家扶中心，吃晚餐時，也吃到了豐盛的晚餐，吃飽後我就和銘仔到前面聊天，結果偷瞄到那個小弟弟的姊姊在偷拍我，拍完後還叫另一個弟弟走近一點拍，我只好裝做沒看到繼續聊天，後來他們要走了，我就站在第一排和他們擁抱擊掌歡送他們離開，後來有個女生把我叫住，然後把她的 FB 給我，叫我一定要加她，我跟瑋盛借手機加了，當時我真的覺得我的春天到來了，今天真爽，把到了一個黑小妞。

在別人身上看見過去和未來的自己

第三站來到位於台北市區巷弄內的某學園，當我們得知今天只有兩位學生在場，反應有些錯愕。這類型的學園是幫助白天不去上課的學生能有地方可以停留，所以老師會盡量安排有趣、實用的課程，吸引不想去學校的青少年到場，盡量減少他們在外遊蕩以至於誤入歧途的機會，因此每天的出席狀況都要當天才能確知。兩位學生加兩位老師，就是這場全部的觀眾。

「欸！你們知道我們今天來幹嘛嗎？」少女表示不知道。

「嗯，那也沒關係，反正既然你們也選擇坐在這裡，那就讓我們跟你們聊一些事情，你們聽聽看，不想聽也沒有關係。」少女還是沒有什麼反應。

「既然你們不想聽，那我們就唱歌好了！」浩瑋一個眼神，少年也都準備好了。銘仔說：「現在我們帶來這首〈阿弟〉！」

> 我災　你老母都嫌我醜
> 我災　你老爸都看我不爽快
> 我災　你家的狗　咬我三次
> 全家人都賭爛　其實我都ㄟ災
>
> 我寄乎妳的信　都給你爸撕掉
> 我打電話去你家　又乎你媽掛掉
> 連我走去你家　都有人來討債
> 我不敢相信　自己怎會　甲衰小

（〈阿弟〉部分歌詞引用自玖壹壹樂團歌曲〈下輩子〉）

少年第一次表演碰釘子，結束後大吐苦水：「真的很想打人耶！」

「現在你們知道自己的屁樣多令人討厭了吧！在家園上課的時候，你們就是這個樣子啊！還說人家咧！」浩瑋說完，少年哈哈大笑，還嘴硬的說自己才沒有那麼機車。

除了到機構進行表演，這趟旅行也希望他們多認識不同的人。有一次，浩瑋找了在淡水的好友王鐘銘，帶大家去參觀他的小農田。

記得那天，熱到隨時都會讓人中暑，大家都不願帶斗笠下田去。在一片廢棄的小園子裡，鐘銘一面介紹哪邊是他種的地瓜，一面吩咐要整理什麼地方小心不要踩到芋頭，阿旺率先下場砍草，幫大家開路引道，小張有氣無力的不知道要如何進行下一步，躊躇的杰董也被銘仔吆喝去幫忙。光是一片地、幾棵苗就折騰了一個多小時。

忙完田裡的事，鐘銘帶大家回去吃午餐。

「嗯，我在你們這個年紀時，我就去思考『我是誰』、什麼是『對跟錯』、『我該做什麼』這些問題。我會去街頭參加抗爭，就是我已經想得很清楚，知道自己在做什麼！我不怕碰上警察，因為我很清楚自己在做什麼。」鐘銘喝著汽水邊跟阿弟仔說著人生哲學。

雖然參與社會議題對阿弟仔來說感覺很遙遠，但講到「警察」、「被抓」這些關鍵字，卻讓少年感覺很靠近自己。懵懵懂懂的聽著鐘銘的故事，也不知道這些啟發會不會在他們心中發芽。

風箏少年於銘仔畢業的國小，在放學前為銘仔的學弟妹們演出。

九月二十三日

銘仔：今天一早大家還在睡的時候，突然浩哥大叫了「起床」，我就看到
　　　大家全部起床，真的太好笑了，而我沒在跟浩哥ㄔㄚˋ ㄒㄧㄠˊ，
　　　我就繼續睡了，直到小張來叫我他說快九點了，這時才驚醒了，一
　　　聽到快出門了，我的瞌睡蟲也被嚇跑了。…

小張：…我買了六株韭菜，到了目的地，那是一個自然農法的菜園，但因
　　　為鐘銘哥半年都沒去的關係，所以那邊的草都長得比人還高，…除
　　　了好久的草，終於可以種菜了。…

杰董：…今天我很累喔！今天下田的時候，感覺真的快要死人了…

阿旺：…鐘銘哥他跟我們說：「自己講的話、自己要聽清楚」。他做社會
　　　運動…我以後也想做這件事。

上：銘仔媽專注聆聽風箏少年的演唱。下：銘仔媽請風箏計畫的大家到家裡附近的熱炒店午餐。

風箏少年在銘仔位於烏來家的客廳為銘仔媽舉辦一場專屬的迷你演唱會。

7

好 孩 子

風箏計畫環島行程的第五站是位在土城的安置機構，今天家園也安排了小薪和西瓜老師來訪視，這是家園第一次和我們一起進入其他機構。浩瑋和少年今天都特別溫和，不再像上次在宜蘭那樣充滿對立，因為這次是家園第一次事先知他們會來，除此之外，可能還有的另一個原因，今天銘仔的保護官也會來看看他最近的狀況與表現。

　　演出後，在風箏少年與機構少年的分享交流會上，浩瑋挖苦銘仔今天的表現差強人意，銘仔這才說出，台下的安置少年裡坐著一位他的好朋友。

　　「那時候我跟著朋友在外面為非作歹犯案，沒去上課也沒有回家，因為很不想一個人，就帶著他跟我一起，結果後來被警察抓到，我們兩個人都一起被帶到少觀所[4]，收容結束之後我們兩個都被判安置，然後我就沒有再見過他了。」銘仔帶著歉疚說出那段辛酸的過往巧遇，接著銘仔又對他的朋友說：「如果可以你就在這裡好好待著，不要再逃跑了！希望你可以早點回家！」

　　而銘仔的保護官在看完今天的活動之後也跟我說：「銘仔真的有進步，嗯，可是他還有幾個事情沒處理完，我要再跟你們約時間還要做銘仔的調查筆錄！」林保護官語帶保留，我們雖然疑惑，但也只能按照保護官說的去配合。

九月二十七日

銘仔：...剛上去以為我朋友會接待我，可是卻沒看到影子，後來我們在準
備表演的時候，突然一聲「xx 銘」害我嚇了一跳，原來是我的朋
友在叫我，我也不好意思在大家面前跟他說話，所以我就假裝不認
識他，也被浩哥發現了，所以我就去跟他聊天了。我在唱歌的同時，
我看著朋友唱了「也許有一天，你想不想改變，不用在流浪，想不
想改變」我看到他的表情，他一定很想回家，我在唱的時候，也想
到了我們兩個在外面流浪的我們，好無助、好可憐，表演完我也跟
他說了很多很多話。...今天看到朋友的時候很自責，因為我覺得是
我害了他，我在（逃）跑的時候，他一直跟著我，他為了我不回家、
不上課，一直陪在我身邊。心裡也有很多話想說，但時間上的問題，
所以沒說了。希望他在機構可以早日出來，跟我一起好好當一個好
孩子。

快要擦槍走火時，才上前阻止

我們陸續接觸性質不同的機構，也發現不同性質的氛圍差異。像是保密型的安置機構對外不能透漏地址，即使到現場也不會看到他們的招牌，第六站位在台北市區內的某家園就是這樣的機構。但也因為太過保密和保護，在接洽時所留下的地址，只是碰面的地方並不是機構的位置。

這個家園隱身在某棟社區大樓內，雖然名喚「家園」但也僅是大樓內的兩層空間。機構學生再加上我們一行人，光是坐著就幾乎是前胸貼後背了，完全沒辦法用來上戲劇課程，所以在上午進行分享後，浩瑋不想讓他們關在機構裡面，就讓機構少年在中餐時討論下午自己想要做什麼。

最後，大家決定去附近的學校打籃球。浩瑋認為，有時候讓年輕人們自己去相處，比起強迫他們上課來得更為實際。頂著烈陽，少年陸續下場，馬上就組隊起來，打球讓他們很自然地接觸、玩成一片。

「我以前也在南投服務，就在良顯堂，陳綢阿嬤的基金會，所以對陳綢家園的孩子總有些特殊的熟悉感。我想我會踏入這個行業，也是因為陳綢阿嬤的關係，風箏計畫做的事情，也有阿嬤的精神在裡面，流淚是因為心疼看見這麼多安置少年的同樣處境，讓我想起很多事情。特別是阿旺，早上看著他分享自己的故事鼓勵我們的孩子、又看到他在台上表演打非洲鼓的模樣那麼的專注，真的讓我覺的他跟以前變化好大，他真的有在改變，不像是以前那樣只會頂撞師長、叛逆又難管的阿旺。」

年紀不過三十出頭的謝主任在這行業裡算是很年輕的主管，我

們碰到這個年紀的老師大多擔任第一線的生輔員，而他表示，因為資源有限，所以一個人要做的事情還不少，他自己也算是身兼多職，當主任並不是因為資深的關係。

聊到一半，杰董從球場跑回來喝水，看見我們正在進行訪問，他一時興起說他也要來當攝影師訪問主任。

「你覺得我們怎麼樣？」杰董的第一道問題問得可愛又直接。

「不錯啊！很努力，要繼續加油啦！」謝主任說。

「那你覺得我們今天表演棒嗎？」杰董追問，讓我和以軒在一旁哭笑不得。

「你是要我說你們很棒的意思嗎？」謝主任妙答。

「對啊！我們到底棒不棒嘛？」

謝主任笑了一下都還沒給杰董滿意的答案，籃球場那邊傳來一陣嘈雜叫囂的聲音，謝主任眼光望向遠處口氣焦急起來，「等我一下，我們的小孩有狀況！」說完便拉著一旁的輔導老師一起衝向球場上正在拉扯的兩團人馬。

銘仔跟阿旺分別跑上前去勸架，比輔導老師的手腳還快。起衝突的是兩位家園的少年，在分別被同伴支開後仍繼續大聲對彼此叫囂，作勢要繼續追打對方，謝主任上前安撫其中一位少年後，少年竟然開始大哭了起來，兩方勸架的人馬把兩人帶開至遠處等情緒冷靜，而火爆衝突的起因竟只是因為打球的摩擦。

「我看差不多沒事了，我們繼續吧！」謝主任接著說：「通常處理青少年爭執時，老師會依照經驗評估，在差不多要擦槍走火時，才會上前阻止，先讓他們的情緒宣洩出來。」

「嗯，這真的是門專業！」以軒回應。

「我想你們接下來也可能遇到這些問題，不過就秉持我剛才說的原則處理，應該就能順利，你們的阿弟仔反應也挺快的！這也證明**團體間會有一種平衡，我都會朝著這個方向去做：讓孩子影響孩子，不過他們很敏感，我們當老師的要非常小心卻又不能表現出來，**剛開始我也摸索很長一段時間，現在還可以啦！今天謝謝你們，我看時間差不多了也該帶大家回去吃晚餐了。」謝主任說完，就起身帶隊，沒有特別安撫任何一個衝突少年，反而是笑著陪大夥兒走回機構。

　　平時少年間相處難免有摩擦，謝主任的話，提醒了「陪伴」很重要的精神──與其想盡方法，倒不如放開手，讓孩子教會我們如何和他們相處的方式。

【4：少觀所】
少年觀護所，法務部的矯正機關，少年法庭審理期間判決前的收容單位，依法收容未成年保護事件、留置觀察、觀察勒戒及刑事案件少年之機構。並會於收容期間與社福、志工團體合作提供技藝、情緒管理、心靈諮商等輔導。

活動結束後風箏少年與家扶的孩子們一一擊掌道別。

九月二十八日

銘仔：...他們學生近來的時候臉都超臭的，害我有想打架的意圖了！...昨
晚我有一點晚睡所以今天沒有一直說話，他們學生也以為我不跟他
們認識，其實不是好不好？下午我們去打球也認識了一個人，雖
然我不知道他叫什麼，但他這個人很好相處，我跟他聊了很多。打
完球他們自己人吵了起來，因為一點小事就在吵真的很被ㄟ，只會
一直叫來叫去、又不趕打，真的看不懂他們在演哪一齣的。吵完
我也去關心了那對兄弟的弟弟，我跟他們說了「不要為一點小事而
打架，我想如果在你們這裡，我跟吵架的對方吵，我一定會打到
他叫媽媽，但打了會比較好嘛？不會幹嘛還要打？打了也沒意義
吧？...」他聽完我也不知他是什麼想法，但我希望他可以聽聽看我
的想法。...

小張：今天的情緒真的很複雜，有時開心、有時難過，和其他家園的人一
起同樂時，真的有說不出的歡喜跟愉快，而且也交到了 xx 這個好
朋友，跟他聊天時，不會感到任何厭煩，但是今天的我不知道怎麼
搞的，做了很多讓人看不順眼的事，一直被嗆，心裡也不是很好受，
但我也知道自己做事有時候就是很白目，有時候要考慮一下別人的
感受，雖然都不是故意的，但如果玩笑開太大的話，或許會為別人
心中劃下一到傷痕，這樣的我是否該檢討一下，我想是，在未來的
環島中，或許有時候也會白目，但我想我會盡量去控制，其實找尋
自我，我也不知道要找尋什麼自我，因為範圍太廣了，你講出來會

讓別人 (以為) 你要做什麼偉大的事情，我只是想出來有有看一看，我想出來三個月，總會看到一些新的事物，也會有所收穫，試著用不同的角度去看一件事，這就是我現在出來為止，我終於知道我是為了什麼而出來，今天不是不想寫日記，純粹只是覺得今天好多心情想寫。(完)

杰蓳：.... 有一個小朋友就嗆銘仔，我心裡想如果銘仔動手的話，我就補他兩腳在他的頭上，可是後來我還是忍下來了，過了不久又有兩個又要打起來了，我和銘仔就幫忙攔了下來，打完球後我們就回去了機構，回去後準備回家時，有一位老師就要跟我們講話，在講話的過程時有一句話一直都記載我心中，就是老師説的牙齒和舌頭是很親密，但牙齒還是會咬到舌頭，我想這一句話是説雖然我們四個都在一起但還是會有一些糾紛。

小時候壞，不是一輩子都壞

　　新竹某學園機構性質和之前去過的台北某學園類似，所以在來之前的路上，浩瑋就已經跟大家打預防針，再次叮嚀「安全守則」。

　　分享會正式開始，機構的少年陸續進入教室，臉上的神情一個比一個還不屑，就連表演時，他們也意興闌珊地低著頭，一副「我們都是一樣的，你憑什麼來教我？」的樣子。但大家早有面對這種場合的經驗了，「氣勢強過他們，就不會輸了！」這是風箏少年與浩瑋建立起來的戰術。表演的時候台上的他們眼神緊盯著台下的學員，就連平常最溫和的杰董今天也毫不閃躲，要跟這群高關懷的少年來一場直球對決。

　　結束了上午的課程之後，原本互看不順眼的兩批少年因為撞球而有了一點互動，大概真的是話不投機半句多，在彼此交流切磋了了幾場之後，這短暫的緣分也隨之告終。這一次離開完全沒有依依不捨的情節，一走出機構的門，大家便開始聊起自己剛才是如何忍住怒氣的過程。

九月二十九日

小張：…今天要對付的是一群高關懷班的孩子，也在猜想他們到底是怎麼
樣的孩子呢！直到他們走進來時，哇！我彷彿看到以前的自己呢！
每個都是一副屁樣，坐姿懶散，看理不理的，每一個都看起來沒骨
頭似的。…以前的我也是跟他們一樣，…或許他們也還要一段時間
去遇到他們生命中所謂的貴人，所以孩子壞，不是一輩子都壞…

上：浩瑋在進機構演出前，針對可能會發生的各種狀況給大家最後的叮嚀。下：風箏少年為杰董深深
掛念的張進益牧師舉行迷你專場演唱。

上：風箏少年與基隆家扶孩子們的大合照。下：風箏少年於杰董的前機構外對機構的老師們演唱與深情喊話，希望老師們能讓杰董回去看看大家。

8

放　　　　　手

幾天前，就在我們正愁沒地方可以留宿時，「農糧小舖」的主人阿燈哥和苡莘來了一通電話，大方答應讓我們一行十人打工換宿，讓我們這些大人鬆了一口氣。

　　這天，我們摸黑抵達農糧小舖，映入眼簾的，是超大的鐵皮工廠，裡面堆滿了各式農作機具，屋外有好大好大的稻田，還有農場的狗與雞作伴，少年樂得可以睡大通舖，這地方對他們來說根本是天堂！

下田很快樂

　　在新竹的機構表演完，我們便回到阿燈哥[5]種出台灣十大好米的農場，大家無不被這這九甲的田地散發的美給感動。阿燈哥說，這些土地不是他所擁有的，但他以「為土地而耕作」的理念出發，徵求農友同意，取得了使用這些土地的認可。而他也選擇最友善的方式對待農地與作物，種出來的米之美味，吃不完的就給雞分食，他將農地中較為簡單、需要大量人力的重複工作交給來換宿的朋友，舉凡像是為地瓜牽藤和搭番茄架、農忙時需要的大量人工作業等等。今天我們的任務是要替筊白筍施肥，阿燈哥交代長期在農場幫忙的「捲毛」，帶著我們前往農地。

　　十八歲的捲毛，年紀輕輕生命經驗卻比同年齡的年輕人豐富許多，除了近年的社運場合的積極參與之外，前陣子才完成了一趟只花五萬元騎腳踏車環遊中國七千七百公里的傳奇旅程，讓少年刮目相看。捲毛一下田就看出少年沒有什麼農忙經驗，所以他帶著少年一起工作。

　　「阿旺，你先去，快啦！」銘仔總是把打前鋒的任務丟給阿旺，

每次問他為什麼自己不先去做、總要使喚別人，他就說因為他害怕面對陌生人跟新環境。銘仔對自己極度沒有信心，有事也不敢問，怕被拒絕，就連要他自己一個人去便利商店買東西也不敢。（天哪！到底是多沒信心？難道店員會不賣給你嗎？）

其實銘仔之前住在家園的時候，也有去外面餐廳當學徒的經驗，因為真的不愛念書，所以拜託老師安排讓他去外面工作；當然家園會觀察表現狀況，如果真的適合就會詢問附近熟識店家願不願意給少年機會。而大家也都因為信任陳綢阿嬤，所以願意接納少年，但少年的表現卻不一定如預期。比如銘仔因為自信不足，又容易受挫，常常被師父唸個幾句就臭臉不開心，而只要餐廳裡面的同仁聚在一旁聊天，銘仔就會認為別人在說他壞話，他說自己受不了這樣的壓力，做了一陣子就索性辭職不幹了，這樣反而讓家園的老師還要回頭跟店家賠不是。

其實少年之間的權力位置關係在這段時間也漸漸的浮現：銘仔總是最強勢、阿旺最沒主見，但是只要銘仔說，他就會跟著做；小張發表主見的機會不多，因為每次只要他說話不合銘仔的意就會被嗆，很多時候他寧可不說；杰董雖然是大家的開心果，但在四人裡面他最弱勢，只有被使喚的份，其他三個人情緒一上來，也總是拿他當出氣筒，好幾次都是大人跳出來制止，替杰董解圍。

少年明明被吩咐進行施肥的工作，肥料才施不到一半，就玩起了鬼抓人的遊戲。快要收成的茭白筍葉子長得比人還高的，少年幻想「阿波卡獵逃」的場景，四個人瘋狂展開一場亡命大追逐，就算手上腳上被銳利的葉子割出了一道道細長的血痕也毫不在意。

「你們幾個在幹嘛啊？小心不要踩死茭白筍了。」阿燈哥遠遠

大叫。

　　忙完了筊白筍的農事，阿燈哥又安排了許多工作，接下來的幾天少年被吩咐跟著捲毛一起到田間邊坡去學習整地。

余浩瑋日誌

　　有一天燈哥出了一個任務，要弟弟們拿電鋸去砍樹，結果砍到一半電鋸就故障了，正當大家在想著該怎麼辦才好的時候，銘仔就拿起除草的鐮刀開始往剛才鋸到一半的樹幹上猛力的砍劈，我還在旁邊想著真的要這樣砍嗎？過了大約半小時左右，這幾個傢伙就真的把樹給砍倒了！然後回到阿燈哥家之後，幾個人就吆喝著說要修電鋸，看他們拿著工具、汽油、機油，幾個人湊在那裡東弄西弄，竟然也真的把電鋸給修好了！坐在旁邊遠遠看著他們，心想，叫我修電鋸或是鐮刀劈樹還真不一定做得來，或是能夠有那樣的耐心，而這些屁孩竟然可以做到很多大人都不一定做得到的事，阿弟仔令我刮目相看。

　　在這些一起面對困難的時刻，我發現很多事情真的不能夠輕易以成見去看待。這樣講也不只是在描述一件事情或是一種看法，某種程度我更是在警惕自己盡量不要變成這樣的人，因為去對某些人或事貼上標籤是如此的容易，但是要去撫平被傷害的心，可能要花上十幾倍以上的力量，都還不夠修補那些傷痛。

九月二十九日

杰董：今天在幫忙燈哥下田是大家都興致勃勃的，雖然大家都很累，不過
大家都很開心，阿波卡獵逃時大家都玩的開開心心的，不過回到了
農場大家傷痕累累的，看到了自己的手腳我自己也嚇到了。今天是
我第一下田我覺得當農夫的人一定都很累，而且手腳都是每天不同
的傷痕，其實在下田時我也同感，原來農夫是那麼的辛苦，每次看
到燈哥在看他的手就有點難過，不過他每次都是面帶笑容的跟我們
說話，今天上午我們表演給一些高關懷的孩子看，雖然大家有點跟
平常不一樣，每一個都有一點要打起來的樣子，今天我有感覺到大
家有些成長和進步，我也很開心，明天希望可以比今天好，希望明
天加油，今天大家應該都累了吧！今天我的心情是有點開心，因為
我們今天有下田喔！

「硬性規定」的表演與「尊重差異」的學習

在離開農糧小舖的前一晚，我們決定辦一場風箏計畫的音樂分享會，當天阿燈哥揪來鄰居同樂，從頭到尾專注地看少年表演，幾位客家阿婆更是捧場，坐整場聽完他們聽不懂的搖滾樂。阿弟仔也首度公開自己的日記，用不太標準的咬字，在大家面前分享自己的生命故事。今晚的演出算是圓滿落幕，但其實在開演前發生了個小插曲。

「浩哥，我今天分享的時候可以不要說自己的故事嗎？」小張的語氣帶點緊張，試探著問浩瑋。

「當然可以呀？怎麼了嗎？心情不好嗎？」

「其實也沒有啦，就只是覺得今天不想要講而已。」

「好啊，如果你不想說的話那就不要說啊」

「真的喔！可以不用講喔！」

「不然咧，你不想講就不要講啊，難不成我會逼你喔？」

「不是啦，我以為『規定』一定要講自己的故事給人家聽啊。」

「你傻喔，哪來這條規定？」

「喔！」小張整個人豁然開朗了起來，原本的緊張跟著褪去。

「你有沒有發現一件事，我從來沒有教過你們要怎麼講自己的故事？」

「對耶，為什麼你會教我們唱歌、表演，但沒有教我們怎麼把故事講好？」

「因為如果我教你怎麼去說你的故事，那我就真的是在『教』你了，我這樣說你懂我意思嗎？」

「嗯！」小張點點頭。

140

來自德國與新加坡打工換宿的背包客也一起欣賞了當晚的音樂會，他們很好奇，想更認識這些阿弟仔。環島以來第一次遇到外國朋友，少年也興奮的想要回應，但無奈的是他們沒有一個人英文程度是 ok 的，除了會說 hello、hi 之外，其他都比手劃腳。

　　阿旺和杰董不斷跑來問我們，他們想要說的話要怎麼用英文講，但每次來問都會被浩瑋挖苦一番，笑他們當初不愛讀書，那麼簡單都不會？到後來少年也被吐槽到不好意思，索性就拿起電腦自己用 google 查起翻譯來，再給外國朋友看。杰董更向他們分享了自己的日記，還不斷的強調他是前幾天的日記投票冠軍。德國的 Marie 也分享他在台灣旅行的日記互相交流。阿旺則是拿出樂器邀外國朋友一起來舞動節奏。於是大家就在彈奏樂器、一起玩太極、用聲音和肢體交流著，竟就與「阿豆仔」追逐玩樂、打成一片，到午夜還不肯停歇。

　　浩瑋雖然總是在一旁笑著阿弟仔他們，但他也感慨的說，如果體制內教育方式是真的可以激發孩子求知的欲望，或許這些阿弟仔對於上學這件事情也就不會那麼排斥了吧。「體制可以給大家均等的照顧，但似乎無法走進每個人的心裡，看見每個不同的人該如何對待。」

　　這天，我們來到名為「少年之家」但其實是一所全女生的公立安置家園。公立的機構明顯和私立機構有很大的不同，除了腹地廣大之外，裡面還有好幾棟建築物，分成辦公、教學、住宿區，感覺就好像來到學校一樣。

　　這次少年之家的演出約有二十五位高中女生參加講座，這回少年的表現沒有像在宜蘭那樣怯場，大概是嚐過了舞台演出的甜頭，

今天的他們在得知是女生機構之後，個個都顯得興奮異常。今天演出阿弟仔也多加了一些表演，為的就是要讓台下的女孩們能夠喜歡他們的演出。不過在還沒唱完最後一首歌的時候，「邊緣青少年協會」的跟課老師就發問卷下去寫，讓台上表演有點被冷落，少年面有難色。但浩瑋倒是蠻喜歡這樣的結尾，因為他不希望少年太志得意滿，直說這意外的小小失落來的真是太巧又太妙。

結束後我們在協會新竹教區的辦公室用午餐，郭修女和胡小姐一直陪伴少年聊天，並分享他們協會提供的服務，提到了幾個案例，讓少年頻頻詢問，聽聽別人的故事想想自己的處境。協會的長輩找了很多話題，了解我們這次活動中少年本身的想法，交流很多，四人也都侃侃而談。飽餐一頓之後我們便驅車趕往苗栗大埔，這幾天我們會住在大埔事件主角彭秀春大姐的兒子的家裡。

余浩瑋日誌

苗栗的這幾天，我們住在秀春姊的兒子家裡，透過秋華姊的安排讓我們受到很好的照顧，到苗栗的第一天秋華姊也帶我們去到朱先生的雜貨店，朱太太很熱情的招呼我們，問我們要不要吃糖果餅乾、喝飲料，要大家不要客氣自己拿。雖然他們這幾年來受到土地徵收的迫害早已身心俱疲，讓已經七十二歲，生性開朗的朱阿嬤還因此喝農藥自殺。當他們知道我們的來意之後，不顧慮自己的傷痛，用心地向阿弟仔解釋「大埔事件」[6]原委，在雜貨店門口前，朱大哥拿出了一張大埔土地徵收的計畫圖，阿弟仔在夕陽斜下的街道旁，聽朱大哥娓娓說明，開始自己去思考，政府的不合理作為、財團的介入與人民所受的傷害。

告別了朱大哥的雜貨店之後，我們走到了張藥房的舊址，弟弟們都不敢相信原來的房子被拆成這樣，新畫上的斑馬線，過去曾經是張大哥一家生活過的空間，看著最後一面牆上還留著已經無法供電的插座，牆壁上留下四大惡人的臉孔，不知道在他們心裡會留下什麼？我不知道其他人怎麼想，但我看著秀春姊的二兒子低著頭不發一語，我不知道他會不會和我有相同的感受，希望這幾天所體會的這些事情，能在阿弟心中留下一些影響，他們在未來能夠不再漠視對這些事情，了解到以「經濟發展」之名所造成的迫害，傷的是一個又一個的生命，而不僅僅是一個議題、一塊田、一間藥局。

父與子

在苗栗時，浩瑋父親也意外的現身，因為常年不在台灣，這趟回來知道浩瑋出來環島，所以他特地跑來苗栗一趟想見見這個好久不見的兒子。我們常聽浩瑋在講座時說起青少年時期父親嚴厲的管教方式，不是罵就是打，也因此養出了浩瑋叛逆的因子，因為這樣的反叛年輕時的浩瑋做了很多荒唐事，但也因為表演藝術給他的影響讓他浪子回頭，才讓他想發起這次的風箏計畫。

其實，浩瑋這幾年他和父親的關係一直都很疏離。而今在父親卻坐在台下為他掌聲，故作鎮定的浩瑋其實內心緊張又尷尬，今天的浩瑋在台上的表現就好像阿弟仔的第一次演出一樣，整個人不敢把身體面像投射給觀眾，演講的時候幾度都速速帶過、表演的時候不是閉著眼就是低著頭。整場演出結束看過風箏少年全套的演出內容之後，老爸則是說：「沒想到我兒子也能教別人的小孩，看到現在的兒子，覺得很欣慰。」

因為知道浩瑋與父親之間的關係，一旁的我們也都覺得相當感動。但浩瑋和父親的互動也不多，因為害怕被我們看見，他還拉著他老爸到遠遠的地方才肯擁抱道再見，而這一切其實也被我們看在眼裡。

余浩瑋日誌

住在苗栗的某一天晚上十點多的時候，我在一樓上廁所，聽見阿弟們傳來的說話聲，原來他們在跟朋友報路，要朋友們今晚來秀春姊家跟他們見面。我一聽當下覺得有點生氣，因為這段期間他們其實是不能夠和朋友見面的，再來是時間晚了，約來的朋友也不知道是誰，就這樣莫名其妙的跑到別人家來也太誇張了。出了廁所，我把他們集合起來，正準備喝斥他們的時候，仔細一想，不過就是見見朋友而已，不是嗎？

我想到小時候爸爸在忙的時候，也會把我們關在家裡不讓我們出去，就連朋友按電鈴了，他還透過對講機說：「余浩瑋不在家。」那時候真讓我非常不爽。我看看現在的自己，嘴臉就跟那些我討厭的老師一樣，於是，我決定換個方式跟他們溝通。

我先問他們是否能夠改明天再約，不過阿弟們說明天他們的朋友沒空。我問是怎樣的朋友？他們說是以前跟他們一起住，在家園但是已經結案的同學。我想了想跟他們說，要見面可以，但是約在外面的便利商店，然後在約定時間內必須回到家裡。他們說沒問題，於是我們約好十一點半見，出門之前我叮囑他們不要在外面挑釁打架惹事，一定要準時回來，他們嘴巴說著好好好，四個人就開開心心的跑出去了，也不知道到底有沒有聽進去……

十一點二十分，我坐在一樓的客廳等他們，心裡想著如果他們在外面出事怎麼辦？如果他們超過時間怎麼辦？下次就再也不准他們出門嗎？好像也不是這樣子的吧！

　　十一點二十八分，坐在客廳亂想也不是，我就走到門口一直往便利商店的方向看去，怎麼看都看不到有人走過來的樣子，我趴在機車上想說，慘了，這下糗了，如果今天這樣的小事都搞不定，之後到底要用哪種方式來跟他們相處才好？想完這件事之後，身後傳來小張的聲音說：「浩哥，你坐在這幹嘛？心情不好喔？」我看了看時間，十一點三十分。這幾個屁孩真的準時出現在我面前了。

　　回到家裡，他們說著見到朋友有多開心、分享了哪些近況，朋友告訴他們環島表演要加油，離別前相互給彼此鼓勵。我跟他們說我今天也很開心，因為他們第一次認真的為自己的承諾負責，他們一聽也都靦腆的笑了，接著我們彼此擊掌鼓勵。後來因為小張沒有寫日記，要罰做一個禮拜的值日生，銘仔聽到後自己主動說要幫他分擔三天的工作，我驚訝的問他說：「你腦袋有沒有壞掉？」這種人話根本不可能從他嘴巴裡說出來的啊！銘仔回我說：「因為我們是一個團體。」

　　我驚訝地想著，如果見朋友這件事情可以給他們這麼大的正面力量，足以讓他們更進一步的去嘗試幫忙彼此，甚至是回饋給我們，那真的是證明我老是掛在嘴邊的「自然農法」，對待年輕人的相處方式終於起了作用，的確有這樣的「可能性」產生。雖然只是一點點，而且銘仔最後也不知道到底有沒有去幫小張做值日生，我也沒再去問，但看見這幾個風箏少年用這些改變回饋給這段時間陪在他們身邊的我們，讓人感到十分快樂。

結束了苗栗的行程，我們又回到新竹，第一站直接來到藍天學園位於竹縣寶山鄉的寶山國中某分部，目前專門輔導有中輟、安置背景的國中生。

　　風箏少年上場表演時，台下同學安安靜靜的注視，其中果然有幾位同學認識銘仔，因為過去都「一起進去反省過」，也讓彼此格外感覺親切。午餐後，兩方人馬還在中庭尬舞，原本阿弟仔都覺得經過這趟環島，在表演、唱歌、跳舞都非常的有自信，但其實沒受過長期專業訓練的他們，能表現的大部分只是入門的舞蹈，但莒光這些少年可就真的是練家子了，輪到他們上場的時候，竟然直接使出了地板動作「大風車」！這把所有人都嚇的目瞪口呆，阿弟仔頓時覺得自己整個遜掉了，只能摸摸鼻子在一旁靜靜的看。但莒光的少年也很有風度，battle 結束後沒有趾高氣昂，反而也靦腆的趕緊跑回教室上課，這也算是弟仔們第一次因為「表演」而踢到鐵板，人真的不可貌像，這次演出算是給大家都上了一課。

　　隔一天的竹東國中行程是我們首次進入正規校園的高關懷班[7]，不同班級的學生被聚集在同一時段來接受「高關懷」，四位同學中有三個女生，和一個被阿弟仔取了「小胖弟」這個外號的男孩。原本少年都已經習慣高關懷型態學生的反應，所以已做好了心理準備，不因為他們反應冷淡而感到氣餒，但想不到今天的學生一點都沒有屁孩的氣質，還藉機一直找阿弟仔互動。

　　今天的互動方式以演出為主，表演到中間遇到學校的下課時間，普通班的學生聽到我們的這裡的教室傳出音樂演奏，也紛紛湊過來看熱鬧，即使上課時間到了，普通班的學生仍捨不得回教室上課，最後老師索性把普通班的學生都帶進來一起欣賞演出、聽阿弟仔分

十月七日

小張：...當我們走在學校走廊時，每個人的那兩隻監視器總會盯著我們看，有點害羞，不過我很想裝自然，但還是裝得不自然，哈哈，那今天來的人只有五個，...他們也都態度很好，沒有擺一個樣，那我們也就可以跟他們認識一點。

不過下課的時候，就有很多女生一直盯著我們看，我也有點害羞，後來上課了，我們也繼續表演，結果就有一整班全部一起近來看表演，我呆在那，根本搞不清楚這是啥狀況，不過我們也沒管那麼多，表演就對了，結束了上午的表演，附近的班級好像也都知道我們是誰了，走在走廊上就好像有風一樣，大家都一直看我們，下午阿堃教他們跳舞，我們也當助教，...到了一個進度之後，就放我們去打球了，...跟他們混在一起，有說有笑，很快就打成一片。...

阿旺：...今天認識了一個朋友，而他在我們回去時他很想跟我們回去但最後也道別了，他在下午時來找我們，其實很難得有人會這樣子，而這也是朋友跟朋友的溝通吧！...

十月八日

阿旺：今天的國中生蠻兇的，...而家園的老師也不通知又偷偷來了，真的心裡不是很好，而社工也和我說了兩件事，我就真的想跑了，但今天也是住在燈哥(家)的最後一天，其實有點不捨！

享他們的故事。下午移往活動中心戶外上課，大家學一同去打籃球，在大樹下彈吉他、交換心事。銘仔說今天的感覺他很喜歡，好像回到當初他進機構前，正常地在國中唸書的感覺，問他將來會想回學校嗎？他說應該會想吧，但不知道回不回得去。

到了竹北國中的高關懷班分享，可就沒昨天這麼順利了，一進教室學生幾乎都趴在桌上，比較晚進來的幾個手腳幾乎都有刺青、甚至還有人在嚼檳榔，而老師似乎也拿他們沒轍，只見老師上前去規勸，後方一個少年用力往桌子一拍、踹開椅子、罵了幾句髒話，轉身就走。浩瑋見狀往阿弟仔的方向看去，果然銘仔、阿旺、小張三個人目露兇光，看來就是一副想大幹一場的模樣，浩瑋當下停止了演講，自我調侃道：「看來大家覺得我講得很頗無趣，不然我們就來唱歌好了。」便調整以唱代講的方式繼續互動。

看著浩瑋和阿弟仔拉回場子的氣勢，我還以為接下來整個演出算是安安穩穩進行，但表演進行到一半，家園老師的來電說他們已經抵達竹北國中，要我們下去接應。面對這又一次的突擊檢查，大家心情多少都受到影響，少年沒預期到老師會出現，在台上的表情十分不愉悅。

凡事要考慮後果

在新竹，我們依約帶銘仔到法院見觀護人做筆錄，保護官也要銘仔寫了一封信給法官，報告自己參加風箏計畫並且擔任風箏少年隊長等等近況。而我們這才知道銘仔過去的豐功偉業，大小罪狀有九條之多，多是竊盜，其中多是在跑路的過程中，走投無路而犯下的。這次的見面原本以為銘仔讓保護官看見他的努力他自己心情會比較

輕鬆，但保護官離開之後銘仔情緒顯得焦躁不安，因為他的未來仍掌握在法官手上。

一切看似進行順利時，深夜起來上廁所的浩瑋看見紙條擱在樓梯間：「浩哥對不起，我們出去走一走，沒有要跑。」

大半夜的這幾個屁孩會跑去哪裡？我們緊急起來開會，但一時也連絡不到人，只能猜想他們到底是為什麼落跑？大概是銘仔為白天做筆錄的事心情不好，所以跑出去透透氣。

就在大家緊張孩子們會不會出事的時候，浩瑋竟然叫我們不要想了，趕緊回去睡覺！以軒和我直覺不可思議，質問他難道一點都不擔心嗎？浩瑋眉頭深鎖表情凝重的丟下一句：「我相信他們。」然後就跑去睡了！

直到早上七八點，少年鬼鬼祟祟從田裡冒出來，故作輕鬆和阿燈哥道早安，浩瑋聽到孩子回來了立刻把他們抓到一旁，但他也沒有數落他們。為了搞清楚他們昨晚到了什麼地方這件事情他們一大四小在田邊橋了很久，少年終於吐露實情，原來他們去找地方上網，聯絡了白天認識的學校女孩，身上沒錢還跟人家借車資回來。

今天是我們前往台中的日子，原本早上九點就該出發了，但因為這個插曲，到現在已經十一點了，我們還待在農糧小舖裡。而這件事也著實影響著團隊每個人的心情。原本約好前一天請少年寫感謝信給阿燈哥，竟變成臨行前的致歉。讀信的時候，銘仔竟激動哭了起來，小張也跟著落淚。好似在預料之中，不覺意外的阿燈哥沒有生氣，反而再次叮嚀少年，不管做什麼，一定要想到後果，也要他們改善自己的生活習慣，在外面靠人幫助，要珍惜別人的對待；阿燈哥無微不至的照顧背後，著實有著細膩的了解、觀察和包容。

余浩瑋日誌

　　這段期間的少年也是不停的出包，大多是生活習慣的問題。團隊老師也覺得我們對他們好，都被當作是理所當然，質疑是我放縱他們。但是不是因為付出換不到我們所期待的回饋，才會有這樣的想法？最近大人相處的氛圍也不是很好，或許真的是都累了吧。

　　偶爾也會有人拿一些其他的人事物來和他們做比較，比如說一樣歲數的年輕人已經在做什麼了、已經怎麼樣思考事情了，而他們這些阿弟仔明明就得到了很多人的鼓勵與愛，怎麼還那麼不懂事？但沒有人喜歡被拿出來比較，小時候常常會聽到爸媽拿自己跟別人家的小孩比，讓我覺得自己好像什麼事都做不好，什麼都輸人，那種感覺真的非常不舒服。

　　沒有人喜歡被這樣對待，我也希望自己不要用這樣的心態去對待這些年輕人。如果這些風箏屁孩真的就像那些拿出來對比的其他人一樣，那他們根本就不會被關或是被安置。我只想說，**每個生命都有不同的姿態與樣貌，長歪了沒關係，再長回來就好**，這是我的

信念。

【5：阿燈哥】
農家子弟莊正燈，人稱阿燈哥，農糧小舖是他成立的農民與消費者溝通的網路平台，他在新竹縣竹東鎮專職耕作，推行以不噴灑撒農藥讓農作物與雜草共生的自然農法。2011 年他種植的桃園三號「新香米」，獲得了「全國十大經典好米」。

【6：大埔事件】
發生在苗栗縣竹南鎮大埔里，居民反對政府區段徵收與強制拆遷房屋的抗爭事件。2010 年 6 月 10 日，怪手開進農地，破壞了徵收範圍的稻田。2013 年 7 月 18 日大埔四戶及聲援民眾於凱道陳情，控訴內政部區段徵收違法，時任苗栗縣長劉政鴻趁機強拆位於公義路的張藥房。在自救會以及許多團體的長期抗爭之下引發全國性的關注及聲援。2014 年 1 月 3 日臺中高等行政法院更一審宣判，判決朱樹、張森文、柯成福及黃福記四拆遷戶勝訴，其他駁回。2014 年 1 月 28 日內政部決定不上訴。但，悲劇已經發生，因此事件也造成許多人命的消逝。
相關完整系列報導可參考「公民行動影音紀錄資料庫」的歷史不能忘記「大埔事件公庫全紀錄報導」。

【7：高關懷班】
普遍存在於台灣國民中學內的一種中介教育措施。在校園內，針對個別特殊處境的學生，他們可能因為某些因素使其較無法在正規體系中學習，進而所開設的班級或課程。高關懷班的主要宗旨，是希望透過多元的適性教育，引導高關懷學生找回學習興趣，並且協助適應回歸正規學程。

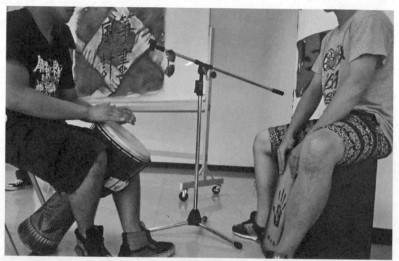

上：阿旺於土城的某機構演出後教機構的少年打鼓的節奏。下：風箏少年們與台北的某機構孩子共進午餐，大家邊吃 PIZZA 邊討論下午的時間想做些什麼活動。

日期	06/30（一）	07/01（二）	07/02（三）	07/03（四）	
10:00-10:50 / 11:00-12:00		始業式	...籌備會	Magic Power	
12:00-14:00		午休			
14:00-17:00		大掃除	Nice Ball	沙發電影	
日期	07/07（一）	07/08（二）	07/09（三）	07/10（四）	
10:00-10:50 / 11:00-12:00	熱力沙灘	Magic Power	志工隊籌備會	邊走邊學習-探險活寶	學
12:00-14:00		午休			
14:00-17:00	熱力沙灘	讓自己成為更好的人(1)	水中蛟龍	滾球活動	
日期	07/14（一）	07/15（二）	07/16（三）	07/17（四）	
10:00-10:50 / 11:00-12:00	Magic Power	營隊行前說明	希望志工隊-南澳農村服務營		
12:00-14:00		午休			
14:00-17:00	Nice Ball	讓自己成為更好的人(2)	希望志工隊-南澳農村服務營		
日期	07/21（一）	07/22（二）	07/23（三）	07/24（四）	07
10:00-10:50 / 11:00-12:00	巧手做做看	Nice Ball	志工隊分享會	青春無敵-八仙海岸	巧
12:00-14:00		午休			
14:00-17:00	猛男訓練中心	讓自己成為更好的人(3)	希望影城	青春無敵-八仙海岸	
日期	07/28（一）	07/29（二）	07/30（三）	07/31（四）	08
10:00-10:50 / 11:00-12:00	巧手做做看	冰上悍將	休閒輔導營隊-小瑞士之旅		
12:00-14:00		午休			
14:00-17:00	Nice Ball	讓自己成為更好的人(4)	休閒輔導營隊-小瑞士之旅		
日期	08/04（一）	08/05（二）	08/06（三）	08/07（四）	08/
10:00-10:50 / 11:00-12:00	棋盤王子	Magic Power	防災演練	棋盤王子	巧
12:00-14:00		午休			
14:00-17:00	表演工作坊(1)	讓自己成為更好的人(5)	希望講堂-菸毒防治	表演工作坊(2)	生活
日期	08/11（一）	08/12（二）	08/13（三）	08/14（四）	08/1
10:00-10:50 / 11:00-12:00	棋盤王子	猛男訓練中心	Magic Power	棋盤王子	巧
12:00-14:00		午休			
14:00-17:00	表演工作坊(3)	讓自己成為更好的人(6)	邊走邊學習-One piece 特展	表演工作坊(4)	水中
日期	08/18（一）	08/19（二）	08/20（三）	08/21（四）	08/22
10:00-10:50 / 11:00-12:00	棋盤王子	邊走邊學習-急凍樂園	Magic Power	棋盤王子	巧手做
12:00-14:00		午休			
14:00-17:00	表演工作坊(5)	讓自己成為更好的人(7)	希望影城	表演工作坊(6)	學生
日期	08/25（一）	08/26（二）	08/27（三）	08/28（四）	08/29
10:00-10:50 / 11:00-12:00	沙發電影	青春無敵-直排輪	表演工作坊成發	冰上悍將	

台北的某機構為機構孩子們規劃的暑期活動課表。

風箏少年們在土城機構的演出，此時陳綢家園的老師們正坐在台下一起看表演。

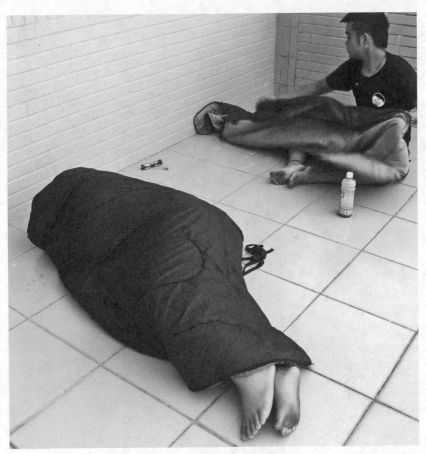

阿旺與杰董有房間不睡，選擇睡頂樓天台，說這樣晚上可以看星星。

9

信　　　　　任

我們在台中的落腳處是在阿堃位於北屯區的家。阿堃長年在台北生活，這次特別為風箏計畫和父母親商量提供住宿，堃爸堃媽早已準備好房間迎接我們。愛下廚的堃爸在家裡辦了一桌豐盛的宴席為我們接風。大家說說笑笑，享用著一整桌豐盛的佳餚，有魚、一整鍋的滷肉、還有好幾道堃爸的家常拿手菜。晚餐過後大家一起幫忙收拾，我們都很享受這樣的時刻。

一切不是真的都無所謂

台中的這間機構是專門收容女生的保護型機構，少年在少女面前依然害羞。在浩瑋演講的時候，幾個屁孩竟因為前晚熬夜而體力不支倒在沙發上睡著了，不過一到演出，幾個人打起精神，又搖身變成一尾活龍，像是已經練就「接通告」本事的藝人一般。

面對這樣的情形，大家都覺得應該要導正，但大人們體力有限，有時候明明規定了就寢時間，屁孩們就算不出寢室，也會在房間內聊天到想睡為止，常常早上都要人三催四請才會起床。這群孩子根本就沒辦法自我要求，同時也顯示出我們在作息管理上的束手無策。目前的狀況是少年就是有辦法在他們「被需要」的時候才會身心到位，平常的時間大家也就都睜一隻眼閉一隻眼。

隔天到了彰化「牧羊人關懷協會」，協會為位於市區的某棟大樓內，雖然空間不大但是該有的活動場地、遊憩空間、廚房、辦公室一應俱全，這也是很多機構的現況，雖然經費拮据，但大家都想在有限的條件內為為服務的孩子營造出陪伴與家的感受。

表演後，少年也開始分享他們的故事以及住在機構裡的生活樣貌。就在大家各自談完自己的人生之後，協會中的一個孩子提出：「進

機構又沒差！沒有手機沒差啊！不能見父母也沒差啊！又不是什麼大不了的事。」少年話才剛說完，整個氣氛瞬間尷尬了起來，大人們彼此眼神互望，深怕等等一不小心就會擦槍走火。

就在大家都還沒想好該怎麼打圓場的時候，被少年的話語給激怒的銘仔馬上拿起麥克風回應：「不是什麼事情都像你口中所說的『沒差』那麼簡單，只是因為事情還沒有真的發生。我以前也是跟你一樣，什麼事情都沒差，等你遇到了就知道了。我們現在都很後悔，因為我們都不能回家，我們都很想要回去，但是都不能，你現在能珍惜家人就珍惜，不要等到失去了才來後悔。」

這話或許沒對那個孩子發生作用，但卻讓一旁的浩瑋紅了眼眶。

在阿堃家的空檔，我們特別安排一天舉辦「會客」時間，少年在「會客」的前一天就興奮得跟自己的親友們連絡，呼朋引伴要大家多帶一些好料的來探望自己。

銘仔的朋友、小張的母親都來了，阿堃的家裡一時多了好多生面孔。

杰董從小在孤兒院長大，這一生至今只有見過媽媽一次，但那次媽媽卻對他說：「以後不要再來找我！」深深傷了他的心，而我們只能陪他一起度過低落的心情。

為了不讓杰董覺得孤單，浩瑋與阿堃喬裝「爸爸」跟「哥哥」買來許多點心飲料來給杰董會客，杰董也很開心的演在一起，三個人有說有笑的聊生活點滴、談近況，杰董甚至還跟浩瑋說了平常都不會說的少年心事。

看待生命，需要把時間拉長遠來看

阿旺一直想約朋友在台中相見，但都沒聯繫上，傍晚時分，客人都回去了，阿旺說出去散散心，其他少年也說要一同前去，我們派了瑋盛陪同，他們一行人到了街角的便利商店，每個人都買了一大堆的食物，擺滿一整張桌子開始邊吃邊聊，瑋盛覺得奇怪，不是才吃飽的嗎？——咦！他們哪來的錢？事有蹊蹺，出門前阿嬤給的兩百塊零用金應該早就花完了才對呀。少年從外面散心回來之後，浩瑋把他們集合起來，很認真的問他們說是不是有事瞞著他？

少年支支嗚嗚，欲言又止的互相張望，等了好久就是沒有人要開口。

浩瑋繼續說道：「我沒有要責備你們的意思，但我很想知道你們到底哪裡來的錢？我只想要你們跟我說實話就好，如果你們真的做錯事，也應該要勇敢面對自己犯的錯。」

「我們的錢是阿燈哥給的，在新竹的時候他給我們一人兩百啊！」一陣沉默之後，銘仔終於開口。

「是嗎？那為什麼我們都不知道有這件事？」浩瑋追問。

「就在我們要上車之前，他偷偷塞給我們的啊！」阿旺補充道，但是他的眼睛卻對著地上。

在半信半疑之中，浩瑋要少年先上去休息，之後我們打電話向阿燈哥求證，證實了這是少年的謊言……查明了真相後，當下的心情有說不出的難過，難道是我們對他們不夠好、還是他們一直以來都在對我們說謊呢？這是這趟旅程中大家遇到的一個最大的難題，畢竟嚴格說起來少年這樣的行為在法律的規範之中，真的已經超出我們能夠權衡處裡的範圍了。

十月十二日

銘仔：...那小弟弟真的很白目，...當我聽到他說的我火都上來了，我就跟
　　　浩哥說我要先說我的故事，....我國中也是什麼都沒差什麼都不管，
　　　我想想以前我為什麼要那麼笨，那麼不會想，現在我已經後悔了，
　　　但也沒有辦法回到過去去改變它了...

阿旺：今天姊姊本來說要來結果他要工作所以沒有時間，所以我心情有點
　　　低落，而晚上打電話給老闆他說：他會來看我，我心想老闆總是會
　　　問我今天有沒有吃飽，我和他說有，他也問我有沒有睡好，我說有
　　　啊！...明天離回家園只剩兩天了，而去看觀護人剩三天；而回家剩
　　　兩天。

「先聽聽他們怎麼說吧。」浩瑋緊皺著眉頭，無奈地吐出這句話。

「可是……如果說他們真的犯了錯的話，你要怎麼辦？」阿堃反問。

「嗯……說真的，我也不知道……難道要把他們通報送回家園嗎？」

浩瑋把額頭埋進雙手之間，感覺心情更沉重了。

「我覺得我們要想想不能夠這樣放任或包容吧，如果說他們真的做錯事的話，是不是也應該要有一些懲處，不然以後會管不住他們吧，或是如果他們越搞越大條怎麼辦？你是不是應該要先想好？」阿堃繼續追問。

「就先叫他們下來，我單獨跟他們聊聊吧……」浩瑋要我們先離開，單獨留下四個少年還有瑋盛與他。

瑋盛把少年帶下來客廳，浩瑋再問一次少年有沒有什麼事情瞞著他？少年個個低著頭沉默不語，銘仔小張不停咬著手指、杰董玩著褲子脫落的線頭、阿旺則是摳著腳上的傷口，鮮血從傷口裡細細緩緩的流出。

「我先跟你們講好一件事，你們不要再低頭不講話了，好嗎？」

浩瑋說完後，少年才終於把頭給抬起來。

「不管你們做了什麼事，我都不會把你們丟掉。」聽完這句話，少年的表情開始變的柔軟一些，不再像之前那樣武裝。

「你們願意跟我說說你們買東西的錢是從哪裡來的嗎？」終於來到關鍵的核心，不過話才剛說完，幾個少年又開始眼神交接，明顯就是有話不說的樣子。

「我剛剛有問過阿燈哥了，他說他沒有包紅包給你們啊。」浩瑋說完話才說完，阿旺立刻大聲的說：「不然你把我抓去關啊！」阿旺突如其來的暴走，讓大家不知如何反應。

　　「我不是說了我不會把你們丟掉，我只是要問你們事情的真相到底是什麼而已。」

　　阿旺的情緒暴走，完全聽不進去浩瑋的話，只顧著大吼：「反正我們就爛命一條啦，你就去跟我的保護官說啊！了不起就是進去而已啦！」

　　「我有說我要對你怎樣嗎？我只是在問問題而已，你是聽不懂人話喔！」浩瑋也拉高分貝，對阿旺吼回去。

　　其他三個少年在一旁繼續咬著已經沒有指甲的手指，浩瑋看氣氛越來越僵，拉了阿旺說去外面聊聊，兩個人聊了兩個小時才回來。

　　浩瑋轉述，阿旺承認是他犯的錯，也說了很多他從小到大心裡受的傷，包括了很想回到山上，但又一直被安排在機構間流轉的命運，以及他思念過世爸爸的心情，還有在親人之間被罵被羞辱的過往。他可以體諒阿旺的行為模式，很多都是來自對於和人相處的沒信心而引起的，但阿旺也知道這些過往也不能讓他所做錯的事一筆勾銷。所以，我問浩瑋，他們對話的結論是什麼呢？

　　他要阿旺先打電話跟阿燈哥坦承他自己做的事，然後日後再當面跟阿燈哥好好的說明，務必好好的懺悔道歉。

　　就這樣放過他們嗎？浩瑋說這些少年所犯的錯、做的事，他年輕的時候都走過，很多時候他自己比這些阿弟仔都還更誇張，這個時候他們要的不是責備與懲處，如果理解他們的動機，再對他們曉以大義，讓他們自己知到這樣做是不對的，要調整他們的行為才比

較有效果。但他也說了，目前他也只有想到這樣的方式來處理。夜也深了，明天還要趕去彰化，大家就在這樣的低迷氣氛中趕緊就寢。

隔天一早準備到彰化溪洲部落拜訪當初有參與反中科搶水[8]的八十歲農民昆山伯。出門前大家懶懶散散，早應該起床做早餐的小張，因為徹底的睡過頭而挨了浩瑋一頓罵。關於「管教」這件事情，大家都沒有一個準則，我們期望營造一個包容理解的氛圍來貼近少年的心，可是每每遇到他們脫序犯錯的時候，就有一種責備的想法湧上來，那我們不就是和原本無法接納他們的體制在做著同樣的事嗎？

一路的心情矛盾與思想拉扯，也隨著旅程的移動在彼此心裡擴張。一切似乎無解，但又好像不一定得在這個當下被化解。「看待生命需要把時間拉長遠來看。」這是浩瑋每次最後的結論，團隊也就只能隨著旅程慢慢等待了。

沿途買了早餐吃完以後，少年一路睡到彰化，風箏計畫的大車在田間小路穿梭著也引起許多農人的注意，許多彎著腰辛勤工作的阿公阿婆看到我們經過，都暫停手邊的工作目送我們的車子經過。浩瑋跟大家說，土地的主人應該是這些耕作的人才是。

昆山伯的家位於是溪州鄉的頂寮，是典型的農村聚落，這裡很多早期的紅磚平房，而昆山伯的家就位於巷子底最大的那座三合院。現在是中午時分，農人應該回家吃飯歇息了，浩瑋說昆山伯現在應該在家。隨興如他，在帶大家來這之前根本就沒先跟昆山伯聯絡……浩瑋說這樣才有驚喜感。

見到一群不認識的少年，昆山伯沒有見外，反而很喜悅，一直忙著招呼大家喝茶，也一直婉拒我們下田幫忙。而我們這行的來意，

要追溯到二〇一四年浩瑋在凱道抗議時遇上了昆山伯，他希望浩瑋能夠幫他拍一張照片，拿去給他在台北工作的兒子看，就這樣結下了緣份，這次是浩瑋第二次拜訪他在鄉下的家。

大家邊喝茶邊聊天，少年也用生硬的台語和昆山伯交談，每個人都直說自己做農很有經驗，今天一定要讓昆山伯給他們機會幫忙。拗不過大家的熱情，昆山伯說，那大家就一起去芭樂園工作吧，剛好最近農忙，人多一起好好做的話，他的進度也可以超前。下午我們便進入芭樂園幫忙套袋，在水果園裡學習辨別芭樂的生長狀態，年事已高的昆山伯一直誇讚少年認真學習幫忙。特別是之前出外打工種過黃金果的阿旺協助了所有人，三不五時也會貼心地問昆山伯累不累、要不要休息一下？工作到傍晚四五點，左右手上的套袋全部用完，結束了今天的工作進度之後。熱情的昆山伯一直招呼我們留下來晚餐，但因為晚上我們還有另一件活兒要幹，大家也只能依依不捨地告別了昆山伯。

其實大家也不想那麼累，把每天的行程排得這麼滿滿，只是如果一鬆懈下來，少年就會開始想很多「出頭」，為了消耗他們過剩的精力，大家也不得以只好硬著頭皮，在演出之餘排了很多能夠協助他人的勞動機會。

回台中的路程前往阿塱在台中的另一個家，我們要去幫塱媽清理房子，那裡是靠近鐵路旁阿塱出生的老家，不同於下午看到的三合院，塱媽的老房子幾乎被灰塵封滿，也堆放了很多年代久遠的舊家具。塱媽看到我們這麼大陣仗來出力，趕緊要大家去後面把陳舊殘破的櫥櫃、床架給搬出來，一行人擠在又窄又舊的房子裡工作起來真的不是很舒服，但還是任勞任怨的做事，想為塱媽這幾天的接

待做點回饋。

其實，回到家園以前，我們還有一個重要的行程，就是要帶著阿旺回到他朝思暮想的羅娜村，當然，這在家園的規範裡也是不被允許的。

羅娜村位於南投縣的信義鄉，是阿旺身上布農族人血液的故鄉。車子往山上開，越能清楚看見中央山脈的丘陵聚落，向上的山路也越是細長，往上開去，迎面出現的是一望無際的葡萄園，還有成群的土狗，阿旺指著前方鐵皮屋，說那就是媽媽的住所。阿旺去年因為在家園逃跑出去犯了錯，跟媽媽有心結，母子兩人已經半年沒有見面。

阿旺的母親是個很親切的年輕媽媽，和阿旺站在一起就像姊弟。目前在部落裡打零工，除了阿旺，還有一雙兒女，年紀都比阿旺還小。她對從小不愛唸書的阿旺一直很頭痛，「他就跟我一樣，所以我知道該怎麼對他，前幾天我去求神，告訴他說我很想阿旺，神告訴我最近就會看到阿旺，沒想到是真的。」她私下這樣告訴我們。

一見到媽媽阿旺還是掩藏不住害羞，我們告訴她這段期間阿旺的表現，他也寫了一首給家人的歌，準備今天要獨唱給媽媽聽，在一番扭捏之後，才抱起吉他對媽媽唱了歌。

給家人的歌

詞、曲：阿旺

爸爸離開了是我人生的命運吧！
我想住這裡為什麼你要帶我走
家裡是什麼

我想有一個溫暖的家

我不想流浪街頭

而你為什麼放我一個人

我不想一個人喝悶酒

我不想抽著香菸

我的命運不想被左右

我渴望自由

我要勇敢做我自己，不要放棄

讓所有人看到我的成就

　　親子之間羞於表達，或失去了溝通的耐性而造成分離，或許這樣的距離也讓彼此都更加思念，阿旺終於忍不住擁抱了媽媽，也跟媽媽坦承了他自己所犯下的錯，請求媽媽的原諒，大家也都被眼前母子重逢的一幕給感動，默默紅了眼眶。阿旺的媽媽提議我們去附近新蓋的公園走走，大家也都附議，認為應該多點時間給他們母子相處，就在阿旺媽媽走出去牽摩托車的時候，浩瑋趁機對阿旺說，昨天的事情不是要責備你，但是你一定要知道，如果你願意改變，大家都會相信你的。阿旺露出了久違的笑容，從那清澈的眼神中，我見到的是一個天真無邪的大男孩。

　　阿旺和媽媽的重逢之旅結束後，車程繼續開往大家共同的家──陳綢家園，在車上浩瑋再一次叮嚀大家千萬不要說溜嘴說出各自回家的事情。今晚是要分享環島旅行心得的日子了，也算是巡演的其中一站，讓家園少年和老師感受少年這一路上的改變。身處自己所熟悉的環境，少年更加放得開，也讓表演狀態進入前所未有的高潮，

家園的老師們卻給少年很大的肯定，也告訴我們他們看見了這一個多月以來少年的轉變。從主任口中給出的讚許，也給了我們大家很大的鼓勵。

隔天告別了家園之後，我們繼續往南。但今天的演出場合比較特別，我們要到彰化與提供我們休旅車進行環島旅途的何懷安大哥會合，跟著懷安大哥的「何歡劇團」[9]一起進入「彰化員林廣成老人中心」加入慶生會的表演活動。這是何歡劇團第四百場在老人安養中心的演出，懷安大哥邀請阿弟仔一起來表演，一方面希望給演出增添一些火花，一方面也希望少年可以用自己的所長帶給老人家歡樂。即便這次演出阿弟仔不是主角，但看到少年的精采演出時，老人家也露出雀躍的表情；而少年看見年老不良於行的狀態，心裡多少有些震撼，彼此的生命在這個下午創造了一些連結與影響。

這一路上我們常常會放「農村武裝青年」[10]的歌，少年也從愛聽「玖壹壹」的歌到會想了解、好奇，問我們阿達所寫的歌詞要表達的意涵，所以漸漸地他們也變成了阿達的粉絲，常常透過網路播放著阿達的歌，一邊學著唱。沒想到我們竟然接到阿達來電，說要邀請我們去雲科大，在他哲學星期五的專場分享會上表演，少年聽到紛紛覺得很緊張，竟要跟偶像同台。

一進場看到五百多個座位，少年簡直就要被嚇傻了！原來偶像級的舞台是這個等級？少年原本丟三落四的不想帶太多器材，這下全部繃緊了神經回頭去拿。到阿達上台一面唱歌一面分享時，他們也聽得格外專注，跟著歌聲一面唸唱台語歌詞。「我最近認識了一群可愛的年輕人，今天在這個舞台，我想把這個機會讓給他們！歡迎風箏少年……」阿達說完，浩瑋就帶著四位少年上場。

這是風箏少年登台以來，場面最浩大的一場，少年的演出讓台下觀眾起立為他們鼓掌，結束後有大學生繞著他們問問題、要求合照，他們覺得這麼年輕就能站在台上唱自己的歌，是一件相當不容易的事情。結束後阿達帶著我們一起去吃宵夜，他也再一次的鼓勵每個風箏少年，特別是阿旺，他說阿旺具有天生的節奏感，從他打鼓的姿態還有鼓聲的力道看來，只要日後多加磨練，以後就可邀他進「農村武裝青年」一起表演了。當然這樣的誇獎當然也讓阿旺心花怒放，接下來幾天一直拿這件事說嘴個不停。

　　我們在雲林短短幾天就有好幾場表演，只是匆促忙碌的行程其實讓大家都頗感吃不消，身體的疲憊其實還算小事，那些在演出之外，彼此生活細節的摩擦以及整個旅程累積的情緒壓力，到目前都還沒有人能找到抒發宣洩的破口，不管是大人還是小孩，而這一切也終於在我們到達台南的時候徹底的爆發。

【8：反中科搶水】

反對中科四期搶水是一場長期的農民對抗發展的事件。事件的主角「莿仔埤圳」是彰化縣第二大的灌溉系統，從溪州鄉取濁水溪水灌溉整個彰化西南地區。事件起因是要將此重要的農作水源每日調度八萬噸的農業用水給中科四期園區使用，對沿線農民影響甚大。許多農民發起自救行動，2011 年後的一年內北上抗爭 12 次，甚至發起千人護水圳行動卻都未獲具體回應。許多藝文界、社運團體也相繼參與聲援此行動。2013 年為消弭水源爭議，中科四期園區轉型為低耗水的精密機械園區，2014 年進入第二階段環評。然而中科園區設立的政策檢討，卻仍未解。轉型後所需面對的廢水處理排放等情況仍未獲得解決。

【9：何歡劇團】

由團長何懷安為了所創立的公益劇團。2003 年開始在全台的育幼院、醫院、教養院、銀髮長者的照顧中心做巡迴義演，至今巡迴全台將近五百場，更多次舉辦出國巡迴義演。關懷社會是劇團創立的宗旨，立志將快樂與希望傳達給每一位觀眾。

【10：農村武裝青年】

成立於 2007 年的台灣獨立樂團，發行過三張獨立製作專輯與一張 EP，作品充滿對社會的關懷與對土地的情感。主唱江育達也於 2014 年出版《農村武裝青年和他們的朋友》（紅桌文化），2016 年發行了樂團紀錄片《本 Re:home》（浮現音樂）。

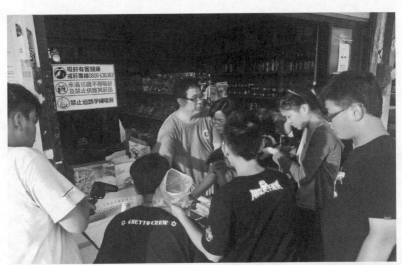

上：風箏少年於朱炳坤大哥的雜貨店門口仔細聆聽大埔事件的緣由。下：風箏少年在華陶窯裡體驗手拉坯作陶活動。

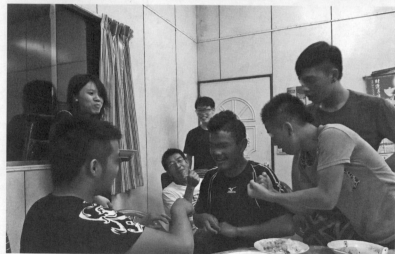

上：銘仔在新竹的高關懷班演出結束後教少年彈吉他。下：大家在阿燈哥家午餐的時光。

上：阿旺位於南投羅娜村的家。下：風箏少年參與何歡劇團的活動為銀髮族的長者獻唱。

於阿燈哥農場忙完農作後，杰董在身上。抹滿泥巴説要刺青凶狠的圖案，結果卻被畫了一隻小豬。

阿旺與浩瑋在雲林老屋町的小庭院裡練習吉他。

10

失　　　衡

余浩瑋日誌

　　說些有趣的小事吧，這次風箏計畫講眞的要感謝福特汽車，除了經費之外，還借給我們一台台灣未上市的九人座。但因爲未上市所以只能掛試車牌，也不能走高速公路，我們所有的移動都是走快速道路、縣道與省道（省道？廢省了有換新的名詞嗎？）雖然移動時間變長，但是也因此多了很多機會認識許多從來沒去過的台灣各地。常常經過農田與山丘，很多都是第一次走過，看著這些從沒來過的地方，其實每次心中都充滿了激動，因爲台灣眞的很多很美很美的所在，環島眞的是一件紓壓又浪漫的事兒。

　　像昨天經過了嘉南大圳，沿著堤防朝著日落的方向前進，這眞的是第一次感覺到自己走在歷史與現實交錯的光景之間，台灣好美，別總想著出國吧，多多接觸自己的國家、風景與文化，找尋我們與土地、與歷史的連結，找尋自己身爲被島嶼滋養成長的一員那份使命與責任。

老師偏心

　　告別雲林，我們經過嘉南大圳，路過「總爺藝文中心」，恰好有些空檔，浩瑋讓少年把已經有一週沒寫的日記本拿出來補週記。銘仔問我這幾天到底都發生什麼事情，他怎麼都想不起來，於是我列下這一週的行程表給他參考。原本融洽的氣氛卻因爲這點小事起了衝突，銘仔覺得小張在旁邊提醒他行程是在唸他，越聽越不耐煩竟就咒罵起小張來，小張也不甘示弱，兩人開始口角差點就要打了起來，阿旺見狀趕緊將銘仔拉開到一旁冷靜，留下杰董和小張在大樹下寫週記。

「我根本就看不起他，所以才不揍他的。」小張氣呼呼說著。這時瑋盛拿出攝影機，想趁機問問最近少年的心情，杰董則大大爆料，「我覺得我自己根本就沒有因為環島而改變，而大家都沒把自己的部分做好，哪算一個團體呢？」他也抱怨起風箏計畫老師有偏袒之心，「我相信我跟你們說了情況還是不會改變，你們也不會處理他！」杰董繼續指出，我們都沒看到有人在霸凌別人。小張也將矛頭指向銘仔，他們共同的不滿就是，為何他這麼不能控制情緒，還縱容他繼續當隊長？

　　回想起每次表演，銘仔總是會斥喝誰的拍子錯了，因為擔任隊長而向隊友大呼小叫，好像全世界都得配合他不可！而這些細節，很少當下就被糾正，時間久了，果真埋下了風箏少年間的衝突的導火線。

　　休息結束，大家驅車前往台南市，見過民宿主人秋帆後，大家在尷尬的氣氛中一起去吃晚餐。晚上趁著讀日記的集合時間，浩瑋也要大家聊一聊這陣子的心情，下午小張與杰董的話言猶在耳，但要引導自尊心強（實則自信心薄弱）的銘仔，需要很大的技巧。到了坦白時間，小張和杰董可能因為苦水都吐完了，顯得比較冷靜，又聽完銘仔吐露的真心話後，大家又重新和好了，但也可能是聽到明天要前往的是女生機構，少年心花怒放，彼此約定要往更完美的狀態一起前進。

大人也會累

　　走過十七個機構，我們還沒有遇到比陳綢家園設備更完善的，這天我們來到一間被少年稱作六星級機構。那裡建築氣派，又有了攀岩設備和遊戲機、教室進出用電子控管、宿舍與廚房餐廳明亮寬敞又乾淨。然而和自由進出的陳綢家園不同的是，這裡位於山上，需要穿過蜿蜒的鄉間小路才能到達，而且園區的最外圍還有一道厚重的自動控制大鐵門，圍牆上還有鐵絲網，這裡是一所由宗教慈善機構所設專收女生的安置機構。

　　看著牆上的鐵絲網浩瑋脫口而出，就算硬體設備再豪華，可是那座圍牆卻是阻隔自由最厚重最沉重的象徵，即使生活再優渥，可是心靈卻像是被禁錮著一般，住在這樣的地方真的好嗎？

　　和機構的女孩們一起用完晚餐之後，緊接著就是分享會了。今天台下女生格外的活潑，浩瑋的一個小問題丟出來，她們會爭相回答且停不下來，機構的老師也在一旁管秩序，但少女還是停止不了胡鬧。少年簡報時還是很緊張，輪到銘仔的時候更只有簡短幾句的說明就匆匆下台了，這讓我們都覺得很詫異。但當他們唱起歌，現場頓時鴉雀無聲，有幾位少女聽著聽著竟流下眼淚，小旋風們果然還是發揮了威力，要離開的時候，竟然有幾位少女像是粉絲追星一般熱情，少年又一次的在女生機構裡獲得了滿滿的信心與虛榮。

　　不過離開後氣氛卻急轉直下，浩瑋集合大家說要開個小會，四個少年一聽到檢討兩個字馬上臉色一沉，甩態與不爽全部寫在臉上。浩瑋看少年沒有人願意談，便解散了會議，要他們上去休息。

　　其實所謂的開會並不是真的要檢討少年的表現，是因為最近在練習簡報的時候，銘仔總是說他很穩、不用排練，但上台分享不是

十月二十日（週記）

小張：...老師和主任們都看到我們的不一樣讓他們很感動，我也很高興見
　　　到家園裡的小朋友們，我也跟 XX 聊了很多在外面的事他聽得很羨
　　　慕...在家園待了兩天，好久沒過家園的生活了，也真的懷念自己的
　　　床位，一躺下就安穩的睡了。...

杰董：今天我的心情有一點浮躁，其實我不知道今天為什麼變得這麼奇怪，
　　　就是有一點浮躁啦！應該是很累的關係吧！

隨便講，不然就是推託不上台。但也可能少年在機構裡的生活經驗使然，一聽到要開會，就直覺要被罵。

　　就在這場不了了之的會議結束後大概半小時，杰董從二樓下來，說要找浩瑋單獨談談，一開口就說他們不想環島，想要回家園了。

　　「你們是認真的嗎？」浩瑋問。

　　「嗯⋯⋯」杰董低著頭回答。

　　「確定？你們已經討論好了嗎？」

　　「嗯⋯⋯」杰董這次把頭抬起來了，但是還是沒有看著浩瑋。

　　「不會後悔嗎？」浩瑋語氣平靜的再問一次。

　　「不會。」杰董轉過頭去看著民宿院子的鐵門說。

　　「好，那我現在就打電話給董事長，你跟他說你們的決定，他如果同意我們就到今天就好，明天我就帶你們回家園。」

　　「好。」杰董點點頭。

　　浩瑋拿起手機準備撥給董事長。

　　光想也知道，這絕對不會是杰董一個人的主意，更不可能是杰董的提議，但其他人一定是因為不敢面對面浩瑋，所以推派，不對，應該是強推杰董下來跟浩瑋談，因為他們大概也知道浩瑋對杰董有種特殊的情感，看到他應該不會生氣或動怒。不過浩瑋應該也意識到這點，所以在按下發話鍵前，又問了一次杰董。

　　「你是被他們逼著來跟我說的嗎？」

　　「不⋯⋯不是啊⋯⋯」

　　「你確定？就是吧？是他們叫你來跟我講的吧？」

　　「嗯⋯⋯就⋯⋯」杰董吱吱嗚嗚了起來。

　　「你去叫他們下來，有話直接當面講清楚，我跟你們談完之後，

如果你們要回去的話，我再跟董事長說。」

「喔……好……」杰董上去二樓把其他少年叫下來說浩瑋要再跟他們談談。

幾分鐘後少年陸續下樓，小張和阿旺坐在一樓的地板上，銘仔坐在樓梯上，幾個人的表情已經不像剛才開會那樣不悅，取而代之的是他們常掛在臉上的那種略帶心虛的羞赧笑容。

「怎麼樣，你們不想環島，想回去啊？」浩瑋開門見山地說。

「對啊，我們覺得你變了。」小張率先發難。

「怎樣變了？我不是都一樣嗎？」

「沒有啊，就你最近都很容易對我們發脾氣，然後臉都很臭，根本就不知道你在想什麼？」銘仔接話，從他的表情感覺得出來這些話很真心。

「對啊，你最近的態度都讓我們覺得你變了，你很奇怪。」阿旺跟著說。

「哈哈哈，所以就只因為這樣子，所以你們就想要回去了嗎？」

「對啊，因為覺得很有壓力。」小張說。

「齁，你們真的很弱欸！」浩瑋大笑著說。原本緊繃的氣氛就這麼一瞬間化解開了。

「怎樣弱啦！」銘仔不甘示弱，但臉上的表情卻是笑著的。

「欸，我們也是人好嗎？我們也會累好嗎？你們也不想想你們一路上出那麼多的包，我們是不能有一下自己的情緒嗎？」

「所以就這樣？你沒有討厭我們喔？」小張問。

「當然沒有啊！討厭你們還帶你們出來那麼久幹嘛？」

「喔！原來是這樣喔。」銘仔恍然大悟笑著說。

「不然你們以為咧？！不過我還是要你們唸一下，尤其是銘仔，不要每次要你練習的時候都說穩穩穩，結果上台表現不好，又不讓人家講。而且每次都是你最兇，我們講你的時候是還好，可是如果是其他少年有意見，你每次都用嗆的，這樣人家很難跟你溝通欸。」

「好啦好啦，我知道啦，我會改啦！」銘仔回應。

看著眼前這五個人的對話，不像是一個大人配四個小孩的組合，感覺更像是五個年紀相仿的屁孩，用同樣的語氣、高度、姿態在對話。浩瑋也跟他們分享了他以前火爆時期的故事，幾個人越聊越開心，還一起出去買了飲料回來繼續聊，就這樣，阿弟仔主動退出環島事件也就到此落幕了。

余浩瑋日誌

旅程也差不多剩下一個月的時間，目前我們到達台南，提供我們地方住的是「瞳」的主人秋帆，在風箏計畫的前置期她一知道我們會經過，就大方地說如果到台南可以來住。其實我和秋帆認識的時間沒有很長，彼此的交往也沒有很深，可是每次她只要知道我想做什麼行動，她都二話不說的願意擔任我們台南地區的後勤支援。也因為透過秋帆，我們才會認識阿貴。阿貴是一位紀錄片導演，當他得知我們這次行動要拍紀錄片，但是卻沒有經費買設備的時候，他就把他拍片的機器借給我們使用，同樣的沒有多說什麼，只告訴我們要加油。

這趟路我們邊走邊表演，當然也有很多音樂夥伴情義相挺。那時候在家園作駐地訓練培訓的時候，知道這些阿弟仔都喜歡聽一些饒舌音樂，就想說一定要找個會的來震撼他們一下。那天晚上我們

半夜兩點問了「拷秋勤」的 FISH，他立刻答應要從台北下來埔里，給這些阿弟仔正港的母語饒舌轟炸。「農村武裝青年」的阿達知道我們在新竹有公開演出，也特地跑來給我們讚聲，之後到了雲林更邀我們和他一起同台演出，徹徹底底地讓我們用生命與音樂給台下四五百名的觀眾一次難得的演出分享。

移地訓練第一站去了台東，「鐵花村」的捷任叔叔以及村辦公室的夥伴，也特別為我們空了一個專場讓我們可以帶著年輕人先有過一次的正式演出的深刻體驗。之後到達淡水，「I-LA」的志翰熱情的邀約我們到店裡舉辦演唱；新竹「漁人貓小食」的阿懋也為了讓我們在新竹能有公開展演的機會，特地把餐廳營業的時間提早結束，讓我們當天在那舉辦音樂分享會；「竹南咖啡」在秋華姊的聯絡下，也大方出借空間讓我們在晚上舉辦音樂的回饋分享會，唱歌給在苗栗行程時提供我們食宿照料的秀春姊聽。

新竹的機構行程在「聯電基金會」蕙萍姐的牽線之下認識了邊青（邊緣青少年協會）的修女，透過修女的安排我們在新竹也跑了近十個機構；而我現在用來打工作日誌的筆電則是「廢核行腳」的阿輝特地從高雄幫我們送到埔里來借給我們使用的。新竹「農糧小舖」的阿燈哥更是在完全不認識我們而且又緊急的狀況下阿莎力的答應讓我們過去打工換宿一個星期，而且也讓我們有機會學習下田工作，也更因此學習敬天敬地、珍惜所有勞動的獲得。每次很累的時候，想著自己為什麼這樣搞自己的時候，就真的只能想著有這麼多人在旁邊支撐著我們，千萬不能輕易放棄，不管是放棄計畫，還是放棄這幾個孩子。

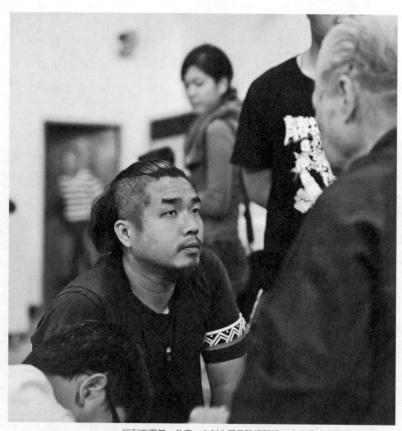

回到家園第一件事，立刻去拜見陳綢阿嬤，大家專注聆聽阿嬤的訓示。

十月二十一日

小張：…回到家後，浩哥就說要開會，但是我們每個人都擺一個臉給他看，
　　　因為大家都很不爽，我們也跟浩哥吵了架，吵了架以後，我們就有
　　　想要回家園的想法，後來我和阿弟（杰董）就一起跟浩哥講，他就
　　　叫我們全部都下來，我們也把事情講明白，後來我們就和好了。

阿旺：今天其實有不好的心情…而晚上念日記時，我寫的很爛而又被念一
　　　下，而我心裡也都很煩，而我不喜歡寫日記，因感覺寫了以後都不
　　　會看，所以都亂寫，而晚上被念完，我就和浩哥大聲了，和他說我
　　　不環島了，而當時的我一直在想算了，假如被送回去的話就算了，
　　　而晚上我也找他們一起出去了，浩哥也出去找我們…。

整備日，少年們在家園門口將福特的九人座好好的清潔一番。

阿達於雲科大的專場演出，並於演出最後的三十分鐘將時間分享給風箏少年上台演出。

189

11

要跑就一起跑吧！

青春期的心情起伏或焦慮易怒，對我們來說已經是家常便飯，往往第一天說好會改進不到兩天錯誤又會再次發生，進步得很緩慢，也常退步更多，這樣的溝通往往傷神費力，很容易讓人崩潰，例如持續的作息不正常影響表現，我們已經管制不住。

躁動的青春

　　台南的第三天老師約好來訪，少年的壓力破表，他們一方面要表現給我們看，一方面又要時時被家園檢視。盛夏的炎熱一直延續到傍晚，夜裡的冷氣房仍然紓緩不了他們的躁動。凌晨三點多，除了安然睡著的杰董，其他三人約好溜出去，偷偷摸摸的以為無人發現，卻被還在熬夜工作的浩瑋察覺到了⋯⋯

　　少年完全忘掉了在新竹第一次逃跑後，對阿燈哥以及我們的承諾，而前一晚偷跑出去玩的風暴在今天早晨變成龍捲風，整夜沒睡的小張、銘仔和阿旺，回來料理早餐，裝做什麼事情都沒有發生。

　　浩瑋說昨晚工作到凌晨三點的時候聽到院子裡有聲音探頭出去看，結果發現小張、阿旺、銘仔三人正準備翻牆出去，他看了只要他們明天再出去。結果他們三個人推派阿旺來跟浩瑋解釋，說是因為阿旺心情不好，所以要銘仔和小張陪他出去透透氣。浩瑋還是沒有動搖，只說時間晚了，要去的話明天再去。結果阿旺不知怎地，換他情緒來了，對著浩瑋開始咒罵、還說了不起不要環島，然後摔了門甩頭就走。離開前，浩瑋只是不厭其煩跟阿旺說，要他們回去睡覺。凌晨四點，浩瑋準備要睡覺前，他打開少年的房門，發現只剩杰董一人在呼呼大睡，其他三個還是不聽勸告，跑了。

　　說真的，這些少年半夜溜出去玩或者是逃跑，對他們而言其實

根本沒什麼。光是阿旺，從以前到現在就逃跑過五十次以上、銘仔在家園也跑過好幾次，最久的一次跑出去在外面遊蕩了好幾個月。雖然浩瑋不太驚訝他們逃跑，但納悶的是，到底他們為什麼總是要挑半夜跑出去玩。

隔天，只有小張來道歉，而銘仔和阿旺還是一副若無其事的模樣在旁邊閒晃。誰知道，才一個不留神，這兩個傢伙竟然又失蹤不見，這可把浩瑋給氣壞了！小張說大概猜得出來他們會去哪裡，於是自願要去把兩人找回來。小張和瑋盛外出尋人，果不其然在秋帆家附近的網咖裡找到了這兩個逃跑少年，結果他們非但沒有要回來的意思，竟然還說要在網咖待到七點！眼看演出的時間就要到了，看來今晚的演出就只能帶小張和杰董出征了。

前往演出的途中，昨天犯錯的小張一路帶著環島的心情與自己一路以來的成長，似乎想完全與銘仔劃清界線，不再受控於隊長；杰董故作輕鬆地在一旁唱歌，來掩飾自己的不安——畢竟這次翹頭出去，他在睡夢中沒爬起來參與，擔心著自己會被排擠。

這是教會所成立的家園，在寬闊的鄉道突然轉進的小巷底，城堡造型的建築獨自矗立，裡頭的少年正在吃晚餐。這個家園是採用配膳的方式，五菜一湯和甜點，伙食比不上好像天天都是在辦桌陳綢家園。用餐後，老師集合了學生，用著嚴厲的態度叮嚀大家今晚要認真的欣賞演出，因此開場時氣氛有點緊張。沒想到，少了伙伴，小張和杰董反而更放得開，因為銘仔不在，沒有人會在試音的時候被斥責，小張也能完全取代了銘仔的功能，當主唱毫不遜色，而杰董本來就掌控自如的鼓聲也更用力地施展。

瑋盛上台分享自己休學來參加環島的故事，還不滿十八歲的他，

正因為對學校教育、對考試升大學這件事情感到迷惘，於是毅然決定休學，參加風箏計劃，他想，如果可以用環島的方式去看看台灣，又能幫助中輟少年，說不定也可以在這當中一步一步走出自己未來的路。這一路上，瑋盛擔當很重要的「被霸凌」工作，就是常常任由少年玩笑式的拳打腳踢，每一拳都是真打，有時也聽少年訴說心情，並貼身錄下他們私底下生活的樣貌。

沒想到，就在表演完回到民宿的路上，阿旺的母親突然來電說家有急事。阿旺一得知親人躺在醫院，昏迷指數三，開始心神不寧，回憶父親也因酒去世，非常擔心悲劇重演，所以嚷著要我們帶他回去探病。但我們也因為母親沒有留下來電號碼，使我們無法進一步聯繫，只好請阿旺等一等，天亮後再動作。

隔天少年陸續醒來，唯獨銘仔怎麼都叫不醒，周圍的人也不知所措，只好任由帶頭跑出去玩的他睡到下午四點才起床。「逃跑這麼多次，到底我們要怎麼做，他們才會滿意？」眼前的少年依舊相覷無語，而阿旺的情緒需要大量發洩，只見他突然就往外跑，拿自己的拳頭往牆壁猛打，突如其來的舉動把大家都嚇傻了，小張趕緊去拉住阿旺要他冷靜。等阿旺冷靜下來，浩瑋把阿旺的手拿起來看，果然，傷口很大，流了許多鮮血，讓人看了十分心疼，阿旺則像是經歷一場劇烈運動一樣雙眼無神的大口喘息。

「你的手是要拿來打鼓的，不該拿來打牆壁。」浩瑋略帶哽咽的對著阿旺語重心長。前幾天逃跑的事情都還沒解決，現在立刻要溫柔的安撫少年，每個人情緒的轉換比老天變臉更讓人難以預期，但狀況發生了也只能先立刻處理。

浩瑋又與阿旺長談，但阿旺不安的情緒仍無改善。看他們意興闌珊、不想解決問題的態度，浩瑋終於決定要給他們一個懲罰——今晚的演出，阿旺和銘仔不需上台，坐在台下當觀眾就好。這樣的決定，我們聽起來似乎不痛不癢，不過他說，他知道少年熱愛表演，他想用這樣的方式提醒他們，表演也是一種自我的實踐，如果只是追求舞台上的虛華，但自我管理都做不好的話，那也不用想上台了。

　　看來浩瑋的這招的確是有起了一點作用，就在我們到達「暖暖蛇咖啡廳」做前置工作時，銘仔跟阿旺開始浮躁了來。兩個人目露兇光，一副囂張跋扈的模樣。浩瑋和瑋盛則因為擔心他們會出亂子，所以一直跟在他們旁邊。不過雙方也沒有交談，只見銘仔蹲在的上猛吐口水，阿旺則是把上衣掀起來露出肚子，看著摩托車在咖啡廳外的小巷子裡穿梭。

　　一輛中年女子的摩托車從巷裡經過，銘仔像是找到情緒破口一般，竟然沒來由的對著這輛機車叫囂，咒罵完還不夠，甚至還追上前去作勢要攻擊對方，浩瑋和瑋盛見狀趕緊上前拉人。好不容易把銘仔給拉回來之後，他竟又恐嚇小張：「等一下你表演〈解救我〉的時候，敢唱我寫的 RAP 的話你就試試看！我絕對讓你死！」

　　天殺的，這群屁孩到底腦袋在想些什麼！？浩瑋的臉上盡是無奈。那天晚上的分享大概是這次風箏計畫的巡演裡浩瑋講的最有氣無力的一場。大概吧，明明帶著一群不定時炸彈在身邊，上了台卻仍要分享旅程中的光明，浩瑋承受著這樣的壓力，讓知情的人都對他感到不捨，而佳璘也因為覺得幫不上哥哥的忙，在一旁傷心默默落淚。

　　不能演出的兩人被安排在觀眾席的邊緣，隨著表演開始，他們

忍不住搭腔起來，在台下大聲哼歌，似乎要展現台上沒有他們不行。唱到〈解救我〉時，他也邀請了銘仔和阿旺回到台上，四個阿弟仔又好像什麼事都沒發生一樣，開心的和觀眾們玩在一起。

回去後，大家從高壓的緊張狀態中脫離，每個人都氣力放盡的在客廳裡癱著。而銘仔卻得寸進尺，欲奪回自己隊長的威嚴和風範，裝做一切事情都沒有發生，吆喝大家洗澡過後開始排練新的創作曲。看著他們好像一副要找回正常步調的表現，大家也就稍稍放心了點，大人們開完會後就各自去休息了。

但，這天晚上他們又再度結伴開溜了。

第 N+1 次逃跑

凌晨五點半時，失眠的浩瑋聽到院子裡鐵門打開的聲音，他探頭朝門口望去，又是那三個少年成群地出門，他站在陽台後面看著他們躡手躡腳離去的身影。他拿起手機打開臉書，過不到十分鐘銘仔上線──這幾個傢伙又跑去網咖了。浩瑋把我和以軒叫醒說少年又跑了，我們問他那現在該怎麼辦？要去找他們嗎？他說不用，他們三個知道早上還要去機構演出，一定會回來。當說，當他聽到鐵門被打開的聲音，頓時讓他覺得壓力盡釋，就像墨汁在清水裡暈開那樣。這下子，他終於可以狠下心，送他們回家園了！

七點多，三個少年果然回到民宿來，不過這一次他們沒有裝作若無其事的樣子，反而是非常心虛的解釋他們是去晨跑。浩瑋說要帶他們到附近的公園談一談。

「浩哥，我們是去晨跑啦，真的。」小張一到公園就趕緊解釋。

「是嗎？那我為什麼會看到你們上 FB ？」

三個少年發現藉口被拆穿，瞬間不知該怎麼回答。沉默一會兒後，銘仔開口了。「不然你把我們送回去好了，我覺得我們也管不住自己了。」

　　聽銘仔這麼一說，浩瑋很失望，瞬間覺得很無力、很無助，於是在少年面前大哭了起來！這一哭，就停不下來了，一個粗獷的大男人癱坐在公園裡，對著三個未成年的少年手足無措的嚎啕大哭。事後據小張轉述，浩瑋那天哭的模樣讓他們三個都嚇傻了，就好像是親人過世那樣，哭得肝腸寸斷。

　　決定把他們送回去以後，我們和家園聯繫，當天晚上就會把他們送回去。沒想到，就在表演返程途中，留在民宿幫忙收拾的佩瑄來電告訴我們，因為連日來民宿的髒亂，讓秋帆生氣了。

　　原來，秋帆每天下班，都會來民宿默默地收拾，但是今天卻讓她發現人都出去了，卻放著十五度的冷氣沒關。屎垢不清、垃圾亂塞、東西亂放等等行徑，逼得她不得不說出實話。秋帆對阿弟仔把一路以來的心路歷程描述了一番，脫口而出一句「你們憑什麼讓人家對你們好？」也讓她掉下了眼淚。少年都沒有抬起頭，顯露出來的態度不是愧咎，而是逃避，甚至是想要逃走；銘仔臭臉、小張抖腳、阿旺低頭不語，只有杰董汗顏面對著她眼角的淚水。

　　「主任，小孩子這幾天狀況比較多，也跑出去好幾次，經過溝通，我們這邊真的不行了，我們還是先把他們送回去！」與陳綱少年家園的主任溝通聯繫時，浩瑋坦承了當下的狀況。而主任的顧慮是，少年回到家園要面對其他同學，不能讓大家知道他們是因為犯錯而被遣返，擔心他們會被大家嘲笑，各種眉眉角角需要審慎考慮。

　　出發往埔里，少年一路都在睡覺，這一趟路來回總共開了十一

個小時。車上的每個大人就好像在護送「魔戒」前往末日火山的遠征隊一樣，未達目的地不敢放鬆心情。

車子來到埔里，看見熟悉的街景，阿旺卻在此時看著窗外落下了眼淚，但車上的人彼此都沒有交談，氣氛沉重而凝結。下車時，銘仔還故作輕鬆，但越是這樣讓浩瑋更生氣，難道一切在少年眼中都是遊戲嘛？就不能稍微展現一點愧咎之心嘛？浩瑋憤怒地說：「把跟你們有關的東西通通帶下車！我不想看到！」

直到這時候，少年才有點意識到「有些事是不可以鬧著玩的」，浩瑋越想越是心疼秋帆，最後更落下重話說：「你們的朋友是人，我朋友就不是人嘛？」這時銘仔立刻變臉，聽完調頭就走，其他三人帶著慚愧的表情，黯然與風箏計畫告別。

余浩瑋日誌

先回去家園並不是因為環島旅程提早結束，老老實實地說實在是因為這趟旅程越走越久，他們的狀況真的越來越多，而且每一次都越來越大條，每個團隊的夥伴們除了容忍度已經破表之外，更多的是深深的傷心。

他們在台南的時候心情一直很浮躁，所有約定好的事情幾乎都沒辦法履約。四天裡面他們就不告而別了三次、情緒爆裂四次、把住宿的地方弄得亂七八糟一天好幾次、傷了別人的心N次。我們不斷和他們溝通，甚至淚眼勸說，但是不管用哪一種方法，似乎都無法化解青春的躁動與焦慮。連他們自己也說，很多時候自己也無法克制內心矛盾的念頭所引發的脫序行為。

後來我們達成了協議，他們先回家園一小段時間自我調整，希

望他們能夠重新地思索這趟旅程對他們的意義，還有找到自我克制的方式。因爲，這段時間眞的是得來不易，不論是對於他們自己、對於家園、對於我們、對於每一個我們所遇見的人以及幫助我們的所有朋友。

環島巡演移動的路上，少年們把握時間休息。

環島過程中，每天晚上都會舉辦的讀日記大會。

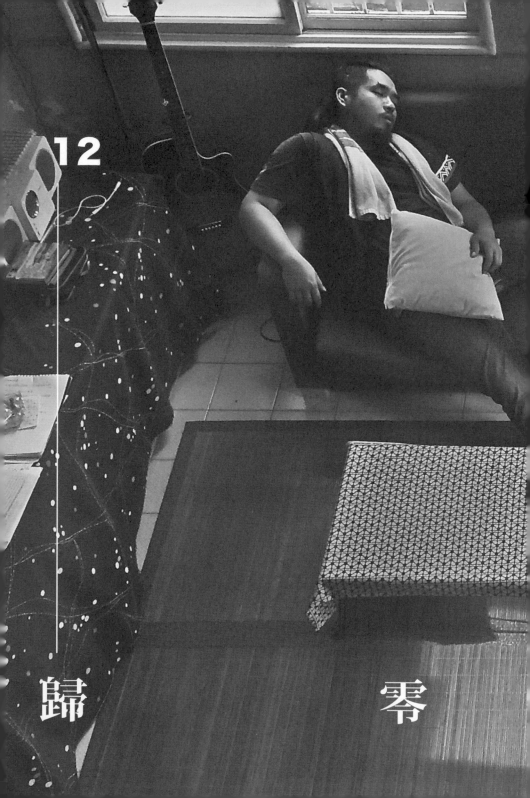

12

歸　　　　　　零

前一晚送完少年回到家園之後，大人再回到台南已經是凌晨一點了。少年離開之後，就輪到我們大人要面對彼此了。其實大家就對於「管教」這件事情有很大的認知落差，加上浩瑋也是個性情中人，一急講話就很衝，這多多少少也給大家帶來不少的負面情緒與壓力。很多時候，就連其他人也不知道該怎麼跟浩瑋溝通。趁著這段時間少年不在，大家也各自解散，調整一下心情。

大人小孩各自反省

四天後，我們返回家園探視，與家園老師進行會議。

然而除了少年的放棄，我們遇到更大的挫折，是與家園的溝通。「既然行程已經中斷，再環下去也沒多少日子，是否還有完成的必要呢？」社工張組長提出。

因為先前家園總是突然來訪，很難看到少年在機構或是在舞台上的進步表現，每次來的生輔老師也都是不同人，除了每日讀我們工作日誌的老師外，其他人很難看到我們和少年一起生活與訓練的景況。

針對歌唱內容和引導少年分享自己的故事方面，還被組長判讀成為「觸犯禁忌」與「消費」，浩瑋大力回擊著種種質疑。雖說是在溝通討論，但氣氛充滿了火藥味。

在一陣溝通後，林執行長說：「好啦！我們全力配合，剩下的就看孩子們這幾天的表現吧！」那天晚上，家園留我們一同用餐。小張和阿旺偶爾湊上來閒聊，而銘仔沒正眼瞧我們，杰董躲得很遠。

過了兩天，我們又回去家園，這次是要和四位少年面對面。

一進到見面的房間，就看到頹喪的杰董，坐在角落、神情緊繃

十月二十五日

杰董：今天回到家感覺好放鬆，終於可以回到家園了，真想睡個覺，回到家園的感覺真的很爽。但還是想回去巡迴環島的感覺，...

十月二十六日

杰董：今天我們有去游泳和打籃球喔，我們大家也玩的很開心，因為回來可以游泳真的很爽...

十月二十七日

杰董：今天是我第一次在家園上國三的課，讓我好開心，因為又回到了國二的樣子，真的讓我很開心，在上課的時候我也沒有在睡覺，我希望可以在三個月巡迴結束後也可以完成我的夢想。

小張：今天好早就起床了，很久沒這麼早起床...好久沒上課了，雖然很煩，但是還蠻懷念的，第一堂就遇到了小朱老師的課，她很驚訝為什麼我們會回來，我也跟他說了原因，後來我也分享了環島的事情，下午上烘焙課...好久沒回來過家園的生活，雖然有點不習慣，但也懷念。

的小張，阿旺與銘仔則是一派輕鬆，說的更貼切一些，應該是屌兒啷噹。而浩瑋一見面，就嚴肅地問他們在家園的近況，完全沒有透露一絲重逢的喜悅。阿旺與銘仔見浩瑋態度強硬，兩個人也不甘示弱的頂嘴反擊，浩瑋一氣之下，大力地往桌子一拍，大聲的對著少年吼：「到底有沒有在反省」。小張和杰董嚇得低下頭來。銘仔回說，要為開學存錢，已經準備好去一家日本料理面試；阿旺則說，自己本來就很缺工作，如果有錢可以賺，他選擇先去賺錢。

　　但他們的答案，都跟要不要環島沒有直接的相關啊！

　　杰董吱吱嗚嗚回答說不知道，已經開始有放棄環島的想法。小張意志堅定，並且追問到底什麼時候才能重新上路呢？

　　在我們離開之前，他們四個人叫住了浩瑋，然後竟然排排站低頭認錯的說：「浩哥，我們錯了。請你原諒我們。」浩瑋說：「這一路走來大家經歷了那麼多事情，也看著你們犯了那麼多錯，環島的重點不是風箏計畫到底能不能執行，而是你們願不願意去完成一件事情。不管你們決定怎麼樣，我都不會把你們丟掉，這我說過了，你們自己想清楚一點，認真想，想好了告訴家園……我們再回來接你們。」

　　當天，我們再度回返高雄。

余浩瑋日誌

　　這段他們不在身邊的日子裡，我們也幾次回到家園和他們以及老師持續的溝通與討論。過幾天，阿弟仔也應該會繼續和我們一起進行未完成的路（只要他們不放棄的話）。這段等待的時間裡我相信對我們、對老師們、對弟仔們而言都不好受，但我想只要彼此都

十月二十八日

小張：今天是回家園的第四天，開始懷念在外面充實的日子，有點想念浩哥他們，說真的，真的很不習慣家園的生活，和浩哥他們生活也有一段時間了，也有一些情感，想念是難免的，真想現在就回到他們身旁，對於家園這種懶散生活，我還要慢慢去適應，而且還不能一起墮落下去，要過的充實有意義，雖然回來也只是一個禮拜，不過還是要去習慣，習慣家園的生活，習慣不在他們身邊的日子。

十月二十九日

小張：今天是回來第五天，一大早我和杰董睡超過時間，都已經第五天，還是沒辦法習慣早起，真的很煩，又很累很想睡，不過就算是這樣，我也沒忘記了浩哥最終的叮嚀，一定要表現好，所以回來到現在就算很累，我也沒在課堂上睡過任何一節，對於浩哥他們的思念也越來越深，真希望能快點回去，不過還是要先做好給人家看才行，今天的我很累，我也決定早點睡了，大家也晚安了。

還願意從這次的行動裡繼續找到屬於自己的目標，就算這些改變不會發生在當下，也一定都會在彼此的生命、身體與心裡留下很。

在高雄三餘書店的分享會上，高雄市社會局的偉傑跟我說，年輕人其實就好像水一樣，即便有時候會沸騰、有時候會結冰，但是本質都不會變。我想起我在台中的時候和弟仔們說的話：「不管你們做了什麼，我永遠都不會把你們丟掉。」因為風箏計畫，彼此的生命都已經綁在一起了，我們都好像家人，計畫或許會結束，但是我們的關係會一直繼續下去。除非哪天你們要把線斷了或是我比你們先離開了，不然在未來我們可以一起，做很多的事情。

少年像水，有時沸騰、有時結冰，但本質不變

隔日，在高雄的某少女家園時，我們透過影像介紹少年的環島旅行，以及目前所遭遇的困境，浩瑋突發奇想，問台下與阿弟仔同齡的少女們有什麼建議，希望能為自己的困惑找到解答。

有個少女說，這樣他們就是太白目，既然可以出去環島還那麼自由，怎麼可以不珍惜，「不要帶他們去環島了，帶我們去吧！」這經典的話語雖然有玩笑的成分，但連同輩的人都覺得他們無可救藥了，那我們還能想出什麼辦法來呢？「既然是這個樣子，你就讓他們反省到死，等他們自己冷靜後，一定會發現自己有做錯的地方，現在就不要理他們！」另一位少女精闢地分析。

又過了五天，我們除了靜待少年的答案，也利用這幾天思考整個風箏計畫的管理方式，是不是需要調整。在高雄的期間，我們都住在三餘書店[11]的股東謝大哥提供的民宿裡，這幾天晚上我、阿堃、以軒、瑋盛也和浩瑋也一吐為快，把之前藏在心裡的想法都說出來，

大人也會有摩擦啊，我們也各自調整情緒。隔天，謝大哥帶著大家早起去爬了柴山，一路上除了看到好多獼猴，還看見了許多難得一見的動物及鳥類。謝大哥說，要親近大自然，學會放鬆，情緒歸零，才能重新出發。

隔日，浩瑋決定再回去家園，這次先派阿堃跟少年協調，採取柔情攻勢。

然而，我們和家園之間的拉鋸少年並不知情，但風箏計畫正面臨雙重的壓力。少年也搞不定自己團體內部的意見，阿旺和銘仔透露杰董繼續上路的意願舉棋不定，一下子說好，一下子又說不想，或許，待在家園的舒適感，漸漸消磨了他的鬥志。雖然我們可以想像他放棄的理由，一方面是不願受到銘仔使喚、另方面是個性懶散，而這一步要不要繼續走下去，考驗他的，更是自己願不願為自己做一個負責的決定。

阿堃結束與少年的談話，浩瑋也現身了，他突發奇想，把少年帶到車上，打開了音樂，播放他們環島時最愛聽的「玖壹壹」，小張聽著聽著，竟激動地哭了好一會。

【11：三餘書店】
由五個好朋友合夥打造的獨立書店，座落於高雄市的中正路上，書店的建築物空間則是該路開闢之後最早完成的三樓透天厝，保留至今已五十年左右。書店定期舉辦許多文學、電影、音樂、展覽、講座、展演等活動，是高雄非常重要的文化基地。

浩瑋在台南某間機構的分享講座，該場演出銘仔與阿旺因為下午自行脫隊去打網咖，所以沒有參加。

台南暖暖蛇咖啡演出後，帶少年們吃晚餐，大家氣氛低迷，浩瑋獨自在車上睡覺，沒和大家一起用餐。

台南的最後一場演出於黃絲帶基金會，演出後少年與孩子們一起大合照。

離開黃絲帶前，大家依依不捨的道別。

黃絲帶這場演出後，風箏少年就要暫時與我們分離回到家園，杰董與阿旺的神情略顯落寞。

13

不能走上回頭路

根據約好的時間，從我們住宿的地點「HO 覓」[12] 出發到車站相會，再度見面，但少了杰董。

杰董沒有出現，對我們的衝擊有點大，浩瑋在意的是我們沒有照顧好杰董的心情，但阿弟仔歸隊也代表著所有人的精神必須繃緊，沒有多餘的時間去思考別的事情，怎麼樣把當下做到好，才是當務之急，就這樣打帶跑的游牧生活再次展開。

重新認識彼此

新的開始，我們決定用分組的方式來陪伴少年，一來分攤一個人身上的壓力，二來也藉此有更多對話與認識彼此的機會。

而要由誰來配誰呢？遊戲規則是讓少年來抽籤決定是由誰來陪他們度過這一天的時光，帶他們去各自想要去的地方。第一組籤出來了，浩瑋與阿旺一組，他們決定開車漫遊海岸線，往屏縣海邊沿途隨意停靠練歌及談心；小張抽到了瑋盛，這天他們去了圖書館與排灣族雕刻博物館，兩人走了很多路幾乎把市區逛遍了；銘仔和阿堃一組去了網咖並在市區行走時，協助了一位資源回收的長者拉著放滿回收物的推車過馬路，而兩組在市區活動的人馬又在下午兩點多會合，一起看了場電影，直到晚上大家都回到 HO 覓之後一起進行久違的演出排練。這一天，大人小孩都過的滿意又開心。

當練習〈阿弟〉這首歌的時候，大家都想起了杰董。這首歌的歌名是由銘仔取的，因為他一路上老是說把杰董當做自己的弟弟，以後要照顧他，如果結案從機構出來，以後可以來跟他一起生活。但他沒說的，是當他弟弟有個前提：要聽他的話。「沒辦法，我跟他講了很多次叫他一起來，他都不願意，後來我就不想管他了。」

十一月七日

小張：今天是個期待的日子，因為終於又要重逢了，...英文課上到一半也被宛宣找出去講事情，所以根本沒上到什麼，中午吃飽後就出發了，志瑋（老師）在我們到台中以後，我們就自己搭車到屏東，在車上好無聊，做了好久的車，終於到了，在車站等了一下，就看到遠方的浩哥們到了，那種感覺真的是有說不出的歡喜，今天真的很開心，我也想在往後所剩沒幾天的日子，找回以前的感覺。

十一月八日

阿旺：今天早上起床時我也不知浩哥會帶我去哪裡...去吃涼麵的時候又遇到阿塾和銘仔，而吃完也就去了我不知道的地方，第一次去海邊練歌，後來去另一個地方玩水，而浩哥在唱歌我在玩水，離開那漂亮的海洋去不知道的地方，一路往上有很漂亮的風景，而後面也迷路真好笑，至少部落走一走真的都特別，今天謝謝浩哥帶我出去，今天也是充足的一天。

小張：今天我是最早起床的，我也煮了早餐，大家也陸續慢慢起床，大家吃完早餐以後，就各自出發了，我和瑋盛剛出發時原本想租個電動車，我們在火車站繞了半個多小時，就是一間都沒看到...

銘仔還沒意識到，這一路以來，他在杰董內心已經成了一道陰影。透過與宛宣轉述，杰董看到別人都去了環島，才開始後悔了！杰董想加入花蓮的行程，但家園不允許他這樣子的反覆，要他為自己的決定負責。浩瑋得知之後立刻打電話回去替杰董求情，但主任說什麼都不肯答應，因為如果這樣子就又讓杰董出來的話，日後對機構而言會很難管理其他的孩子。主任的態度堅決，浩瑋也只能摸摸鼻子同意。

體制可以均等的照顧這些年輕人，但也只能夠接納可以適應體制管理的對象，進不去他們每個人的心裡，如果說這些少年原本就已經無法被社會制度所接受所以才來到機構，那怎麼辦？很多時候並不是我們衝撞或是去踩體制的線，而是體制也會有它的盲點與死角，因為體制無法滿足各個不同生命本質的需求。

至於演出，雖然有一段時間沒面對觀眾加上少了一個成員，但三位少年的表現卻沒受到影響，今天在「青山育幼院」的演出很受孩子歡迎，阿旺的台風明顯較之前沉穩、也能放膽唱自己所寫的歌了，銘仔則是太久沒唱沒跳，顯得有點生疏。然而這些活潑的小小孩所散發的熱情，也激發出少年更多的耐心，下午阿堃的街舞課少年則再度擔任助教，大家拿出教學實力表現稱職；最後浩瑋、阿堃、銘仔、小張、阿旺、瑋盛和育幼院的小小孩大家全部玩在一起樂得不可開交，我們一起吃完晚餐後，在孩子依依不捨的列隊歡送中離開。

余浩瑋日誌

　　第一場表演，是在屏東的青山育幼院發生。育幼院和一般我們去的青少年安置機構完全不同，因爲裡面大多都是年紀很小的孩童。說眞的，我對這年紀的孩子完全一籌莫展，但對於阿弟仔而言，則完全是如魚得水。下課時間，阿旺和一票育幼院的孩子們一起打鼓；銘仔則是一會兒和他們玩扯鈴、一會兒溜蛇板；小張則是到處和新朋友們聊天。偶爾也會看到許多的育幼院孩子拉著幾個風箏少年到處跑，或是銘仔與阿旺到處抱著年紀很小的弟弟跑來跑去。當我們準備進餐廳吃晚餐的時候阿旺跑來找我說，怎麼辦？有個弟弟一直喊他爸爸，我都還沒想好要怎麼回應的時候，銘仔也跑來說，也有另外幾個小朋友說要當他的兒子。

　　當晚回到屏東住宿的基地，我分別問了小張和阿旺，這趟旅程中讓他們覺得最大的學習或改變是什麼？他們不約而同地告訴我，「學會和家人相處的感覺是什麼。」我並不理解，反問小張，這樣叫做學習嗎？他說當然是啊，因爲從小到大他都沒有和「一家人」眞正相處過的生活經驗。

　　有人會覺得，怎麼可以就這樣貿然地把他們帶出來一起環島生活？因爲我看起來就不像是一個可以做好身教言教的人。也有人說我既然帶著他們，那我就是老師，要有老師的樣子以及要求。而我也常常問自己，拿著別人建議或是其他的方式來比較，很容易忘記這些「比較」通通都是反應著「我的期望」，容易忽略孩子眞正的心理需求。小張的回答又一次敲醒我留著長髮的腦袋，原來我們所有再多的期盼，都比不上這些日子裡生活細瑣眞實情感的累積。

在網咖才能完成的作業

少年回來屏東會合，一起前往「飛夢林兒少家園」。今天機構的國中男生看表演看得很入神，我們也見到了久未碰面的家園林執行長（執行長在執行風箏計畫期間調職）。在風箏計畫安排機構期間林執行長幫了我們很多忙，她說台灣目前上百個機構，其實這些工作怎麼做也做不完的，培養人才也不容易，所以她身兼了不少職務。因為資深的經歷，她對我們也格外的包容，像是當初在決定環島名單時，執行長特別能體諒為何我們覺得暫時的放下學業出來環島，是為了幫助少年看得更寬廣，在溝通磨合的過程中，她總是最能往開放的方面去想，面對我們不了解的種種「少年保護」規範，她也總是耐心解釋。「怎樣對孩子好，我們都會盡力去做。」這樣的話語也打從一開始就深深觸動我們。

因為知道少年愛跑去網咖玩，所以浩瑋想了一個生活的新方法，就是陪他們一起去打網咖。一方面可以滿足他們的需要，二來也約定每次出去上網前一定要完成作業。少年一聽到可以光明正大去網咖，還有我們陪他們一起玩，全都樂得點頭，也樂於接受每次開戰前都必須完成用網路查資料的功課。

第一次的「網咖時間」，我們給了一則新聞讓他們去閱讀並蒐集資料，這則報導講述的是一名「買」姓少年在感化院中死去的故事，要他們思考假如自己遇到這樣的事情要怎麼處理。從他們分享的答案推敲，在安置機構內「權力結構」很容易形成，而申訴的管道通常形同虛設，他們一面同情買姓少年的遭遇，一面也想，如果自己可以回到家園成為改變的力量，是否可以協助當中那些容易被欺負的少年，又或者，至少不要讓自己成為霸凌他人的施暴者。

十一月九日

小張：...仔細一看全部都是小小孩，我們也下了東西準備一下，時間到了他們也進來了，浩哥也跟以前一樣，不過今天有不一樣的，就是瑋盛，也一起參與我們的分享，而且還自己做簡報喔，我想説，啊唷，有進步！我們不在他也自己上台...開始上街舞課，我想説上次沒有學得很好，有些地方還不懂，這一次一定要捕回來，太過逞強真的很操，不過我也很爽，因為好久沒有這種感覺，...

阿旺：...下午我們去和他們交流跳舞時，我感覺住在育幼院的小朋友學到的不少，但是今天也很抱歉沒幫到阿堃忙，他們有那燦爛笑容已經融化了我的小心靈了。

余浩瑋日誌

接下來這幾天我們又做了一個新的嘗試，就是讓他們去「打網咖」。沒錯，而且還讓他們包台。（不過當然是在法律規定的時間之內去，而且都有阿堃陪著他們一起。）

只是每次我都會出一個題目讓他們去做功課，然後等他們從網咖回來之後一起討論這次的「研究報告」。第一次的題目是讓他們去看一個在感化院失去生命的孩子的專題報導，第二次是要他們去查他們自己家族血脈的歷史連結。這兩次的討論都聽到他們很多不同的思考模式切入觀點，大家也很開心的經歷一次又一次的討論時光，因為每個晚上例行的開會時光不再只是我們這些大人公布行程、說一些規矩事項，更多的都是他們帶著他們自己的思考觀察，所分享給我們的少年觀點，在屏東的這幾個晚上，他們善於分享，而我們也樂於傾聽。

早在我們來到屏東前，浩瑋就約好了有參加青藝盟劇團舉辦的「花樣年華全國青少年戲劇節」的屏東女中戲劇社，屏東女中戲劇社也是今年戲劇節的全國第一。浩瑋希望讓少年跟著社團上課，讓這些少年看看跟他們年紀相仿又非常厲害的少女。

別看風箏少年的舞台經驗都很順遂，到了屏東女中，還是顯露出對女生的害怕和羞怯。雖然很緊張但卻沒有出錯，穩穩的表現也引起戲劇社老師的稱讚和學生的掌聲。後來三人也加入當天「聲音與肢體」的分組課程，由於三人受過 B-Box 訓練正好切題有發揮性，也因此在課堂的表現非常出色。

接著下午三點多前往 HO 覓主人阿闊父親的自耕農田幫忙，因為這裡不施農藥，在播種前需要人工協助，少年勤奮整地除草，連續工作了將近兩個小時，認真實踐以工換宿。晚上在回饋 HO 覓的公開演出中，吸引了近二三十位觀眾到場，還有遠從桃園來看演出的秋華姊。台下坐著屏東地區的高中生和學校老師，進行故事分享和不插電音樂演唱，氣氛相當溫馨。最後少年也 show 了一支舞蹈，在演出時三人臉上滿是歡笑，台下觀眾也抱以熱烈回應，歸隊後的第一次公開演出，大家都覺得很滿意。

當天晚上，一位大同高中的老師也來到現場，在看完風箏計畫的分享會後，他希望我們也能到校園跟美術班的學生分享，原以為少年會因晚上還有個行程可能感到太累而拒絕，沒想到他們竟然覺得「沒差」，既然出來，就多表演也很好，也願意將隔天的網咖行程調整到早上。

隔天下午，我們前往大同高中進行加場演出，美術班的孩子異常熱情迎接我們，邀請我們的傅老師透露，其實他是為了班上某個孩子而安排，倒不是因為這孩子的狀況需要被改變，而是希望其他學生能夠了解並尊重每個人有不同的特質。

我們要再度前往台東，對阿嬤而言，最忌諱犯過錯的孩子走上「回頭路」，所以既然已經去過台東一次了，就不允許再帶他們「回去」。十月中旬，我們環島第一次回到家園的時候，就因為這個問題求了阿嬤很久，希望得到她的支持，阿嬤卻對浩瑋說：「我已經把我的想法告訴你了，剩下的事情，就由你自己做決定。」環島的曲曲折折，在阿嬤看來都是正常的，而我們這群任性的大人在她的眼裡，也像是孩子一般，最終都會被她給收服！最後我們尊重阿嬤，

由老師把少年先接回去，之後再到花蓮跟我們會合。

　　回到台東時，天氣冷到晚上一定要穿外套，季節變換使人感觸加深，相信如果是少年也跟著一起回來，他們更會從回憶當中，想起過去的自己，「回頭」來看人生的每一步經歷，其實都是獨一無二的一次，阿嬤說的走「回頭路」，我還是不能理解。眼前的路只剩下花蓮不到一個禮拜的行程了，風箏計畫的旅程就要畫下句點，即將面對分離的感傷也悄悄的在每個人心中浮現。

　　風箏計畫過後一個月，我們收到了大同高中的同學們的回饋，每個人不但寫下了心得，並且還為我們畫了許多的速寫與創作，圖文並茂的回饋讓我們滿是感動。而屏東女中的少女也做了一張風箏造型的大卡片，裡面寫滿了對於風箏計畫的感受。同時我們也得知丁丁小吃部的部貓「小子」，因為跑出去太多天沒回家，不知道經歷了什麼，而回來的那天早上就在院子過世了。

【12:HO 覓】
HO 覓藝文實驗研究所位於屏東市區，一棟四層樓的老透天厝。一樓擁有獨立書庫，二樓是展演空間，三四樓是背包客棧。經營者阿闖同時也是南方青年力發展協會理事長。阿闖將 HO 覓打造成開放的交流空間，提供以書換宿、以行動換宿等多元合作方案，讓許多有趣有意義的計畫在這裡發生。

十一月十二日

小張：早上去屏女，其實一到校門口我就已經開始緊張，後來又看到這麼多女高中生，我的心跳比去巨獸跳得還快，…其實我發現我越緊張就越穩，我也不知道為什麼，…

十一月十三日

阿旺：今天早上我跟銘仔很早就去叫阿堃起床，結果阿堃也起床了和我們去了（網咖），而在那裡我們有看了自己以前名字的由來…

小張：…之後前往亞當學園，…今天的氣氛真的很死沉，非常的尷尬，不知道他們平常都是過著怎樣的生活啊？…明天起就要回家園了，我也很不捨，時間真的剩下不多了，不知道還能在剩下的日子改變多少？我也祝明天的我，加油。

風箏少年歸隊，第二天開始打工換宿，替 HO 覓負責人的爸爸整理田地。

親愛的瑜大哥,

感謝這些天你在高雄給我們的收留與照顧。從一開始就大方的告訴我們您願意分享和支持, 讓風箏計畫從一開始就能夠放心的全力衝刺. 同時也對您感到事抱歉. 因為一些變化 以致無法為三餘書店帶來最完整的演出. 而您您然不計較這些過程中的不完美. 一直給我們致勵. 這些你對我們的好, 真的是這趟旅程中最珍貴的禮物.

也因為 有您的照顧, 讓我們在高雄這一站 充飽了滿滿的成重. 現在我們也將在屏東帶我們的會合. 再度踏上我的路途. 就如同所有你和我們說過的話一樣. 我們會再爬起, 並且努力他到好. 您真的是一位很棒的大哥. 對文化, 對土地的關心有熱忱也發非常令人尊敬. 佩服. 也因為這次的相遇, 讓我們認識了高雄底, 這個地方的美的人情味. 謝謝你送給我們的書. 也會帶領我們去認識你生長的故鄉. 千言萬語 說不盡我們的感恩. 祝福您和您的事業. 家庭一切美滿. 祝福 三餘書店 更上一層樓. 在高雄繼續注入文化的力量.

浩瑋&風箏計畫 敬上

上：風箏團隊寫給謝天地大哥的感謝信，感謝他在高雄提供住處給大家生活使用。下：風箏少年暫停環島的期間，我們回到陳綢少年家園訪視，結束後少年為在台南的脫序行為向浩瑋致歉。

風箏計畫在高雄三餘書店的分享會，少了風箏少年，但是有瑋盛一路從旁陪伴的觀點分享。

風箏計畫在高雄的少女機構分享，少了風箏少年，浩瑋一人唱獨角戲。

14

旅 行 的 意 義

台東的行程只有四天。很快的，十一月九日，家園把孩子送到花蓮來與我們會合，他們的心情進入前所未有的愉快：阿旺依然聒噪地說著最近自己的狀況；小張分享今天來花蓮一路上的發現；銘仔提到杰董在家園的狀況等等。

　　林蓁和家人大方提供了剛落成的新屋來容納我們，後院就是阿嬤的農田。我們去到的時候正值九合一大選期間，林爸爸忙著助選。花蓮並非林蓁的故鄉，而是林爸爸退休後選擇在此生活，和家人共同經營的一塊小天地。新鮮的空氣，大山就在我們身後，這樣的環境也是我們環島的首選。城市總不免誘惑太多，面對自然時，孩子的思慮容易保持純淨，就像我們在新竹的那段時間，在大自然中他們總是最快樂。這幾天，少年與浩瑋為了最後回家園的那天，要來點特別的表演，大家決定要來寫一首歌送給陳綢阿嬤。

余浩瑋日誌

　　今天再相逢之後沒幾天，風箏計畫的環島旅途就要畫下句點了，大家其實心裡也都有一股難以明說的情緒。不過阿旺和銘仔已經確定要在環島結束之後開始工作。銘仔已經面試好新工作了，阿旺則是有很多出路可以選擇，比如說農村武裝青年的阿達，就一直很希望可以帶著阿旺和他一起四處表演呢！小張和杰董也會繼續完成國中的學業課程，十二月要段考了！

　　而我也跟這幾個屁孩做好約定，我不要他們變得如何如何，我只希望最起碼他們要懂得感恩與分享。未來只要他們願意，我會繼續帶著他們一起表演；只要他們願意，我會帶著他們組一個屬於他們自己的樂團。

在了解中學會感謝

這段時間少年表現越來越好，也漸漸去思考「旅行的意義」，回家園反省的日子當中，同學都對他們到底在環島中都遇到了些什麼樣的人，學到了哪些事情感到好奇不已，當然，也更想知道他們為什麼會被遣返？

這四個不同性格、不同思想、不同特質的少年，分別代表某種典型的孩子，經過這段時間的相處，在他們身上所產生的微妙改變，對風箏計畫的發展來說，都非常關鍵。安置體制所能給予的照顧，無非總是希望他們的生活都回到正軌，這是與風箏計畫是截然不同的概念，我們更想讓孩子透過多樣生活體驗，得到更多的啟發，不必把他們塑造成同一個樣子。他們的天性質地就是與眾不同。如果他們能夠把自己的改變，帶回家園影響同儕，那我們就算完成了一個小小的目標了。

看著他們在田裡認真的樣子，一起在廚房忙碌的身影，風箏計畫倒數的日子裡真是平淡輕鬆，弟仔們漸漸的學會自主管理。少年要合作寫一首「給阿嬤的歌」，為此也讓他們上網查詢陳綢阿嬤的故事。別看他們住家園這麼久了，其實他們對阿嬤不如想像中熟悉，這個「作業」無非是希望他們透過理解，能夠學到真正的感謝，體會家園在他們身上所投注的用心，更重要的是珍惜一切，回去之後，別像從前一樣時時想跑。

十一月二十二日

小張：...我看了阿嬤的故事以後，才終於了解她，原來她在我們面前總是
笑笑的，但在我們看不到的地方，她要和無數的病魔對抗，和做過
幾百次的化療。...

阿旺：環島也接近尾聲了，我們從一開始的不信任，到慢慢的信任，而從
第一場表演的不熟到現在其實彼此的默契越來越好，而也從吵架
中，慢慢的變和諧了，而一路走來我的貴人也很多，從胡德夫老師
到巴奈和那布，到農村武裝青年的主唱阿達到阿燈哥，也到小官姊
和山豬哥，而他們也和我們說要努力做一件事情就會有成果，而那
一個成果是大家一起努力的，阿達和我說，只要努力去做你喜歡的
事就會成功，或許一開始的努力不多但只要你努力多了就會有成功
的時候，一路走下來我們也在做如何去鼓勵別人，而以前我的社工
和替代役哥他們說我在改變不像以前那麼皮，而我一路下來學了很
多，也認識了一些為自己和別人土地的叔叔和哥哥們，他們的努力
也是從一開始的出發到現在有人信任他們，而環島不算結束，而未
來我們都是一家人。謝謝浩哥們的幫助，我們點點滴滴我會永遠記
得。

小張：今天是最後一天了，真的很不捨，所以心情非常的複雜，經歷了這
　　　段旅程，真的很豐富，這段日子我也體會到一個家的感覺，雖然剛
　　　開始大家還在摸索彼此，所以不免會有一些衝突，但慢慢的我們也
　　　找到了相處的方式，也懂得去照顧別人，關心別人，鼓勵別人，就
　　　這樣成了一個風箏家族，雖然有些人是斷斷續續地跟，或許沒有從
　　　陪伴到最後，但不管怎麼樣，我們都是比起同伴更重要的羈絆，永
　　　遠都沒能拆散，這段美麗充實的旅程，我也永遠不會忘，結束後不
　　　知道還有沒有人對我放屁，有沒有人像你們讓我訴苦，有沒有人在
　　　身邊當我們的充氣筒，有沒有人常常告訴我們怎麼做人，阿堃，你
　　　不僅是我現在的爸，就算結束了，也永遠都是，有機會我再叫我媽
　　　來跟你說，時間過得很快，這段旅程將要告一段落，但這並不是結
　　　束，而是下一個開始的準備。

銘仔：一早大家都起床了，我就看到瑋盛還在睡，我就以為今天我不是最後一個起床的，但一起來瑋盛就跟我打招呼，我就知道我還是最後一個，九點半我們就差不多到了牧羊人機構相會，十點就開始表演了，看到牧羊人的孩子對我怕怕的，我就在想我的表情是不是嚇到他們了。

下午阿堃上課我才知道他們都很喜歡跟我玩，不是怕我，跟他們玩躲貓貓真的是太小看我了，因為我小時候也是出了名的會躲，所以我很有自信的跟他們玩，感覺他們把我當哥哥一樣，很愛很愛跟我玩。

要離開的時候我真的很不想走，因為有一個小胖，一直叫我留下來，但我也真的想來，可能這只是緣份吧，他們也只能當我的過客。晚上我們去吃了碳烤，真的是好吃的，神到我肚子都痛了起來，我也越吃越火大，因為他們的老闆娘實在是很白目，感覺我們是大陸客一樣對待我們，看到就想把她的店砸了。

吃完當然一定免不了的運動，我們去打撞球，剛開始大家都沒手感，但手感來了，大家都很認真的在打球，我也感覺到家人的感覺，因為只有家人才會陪伴和照顧，我也跟阿堃成為五連霸冠軍。
明天也是最後一天了耶，但我們的關係也已經不再是朋友和朋友，而是家人和家人，我一直在想我寧願這兩年一直環島一直有家人的感覺也不要待在家園過一天算一天的生活，雖然我們大家都會離開對方，但我對你們有家人的感覺，永遠永遠都是不會忘的。

余浩瑋日誌

十一月廿三日那天，我們會帶著他們開中橫公路，橫跨回到埔里，然後會在家園做一場結業分享會，希望大家祝福我們回去的路上一路平安。也感謝這一路上辛苦陪伴的夥伴們，感謝你們願意放下自己的生活，把這些日子奉獻出來用心用力的加入風箏計畫、陪伴所有像是風箏在天空中飄盪的青少年，一起伸出手一起拉著這條線。

行程來到某個少年之家，面積很大，教室及住宿的地方卻很小，傍晚老師要先去接孩子下課，回來要張羅他們吃飯與晚自習，人力十分不足。課程由我們帶著孩子，幾位老師則在一旁跟課，高中部的孩子下了課被食堂裡的樂聲吸引過來，將教室塞得越來越滿。其中有一位剛被送到這兒來的基隆小孩，在演出完後和我們聊了許久，他說現在的他很想家，也很後悔自己做過的事情，他說自己很少有機會對人傾訴心內的話，似乎想多跟我們說點什麼，他溫柔的眼神深處帶著一些無助。

最後一場公開演出在「阿美客」進行。有抗爭經驗的朋友，聽到演唱的歌詞會覺得有同感，但當場有一位觀眾質疑說，那這樣讓未成年的小孩唱這些歌，不會對他們造成影響嘛？浩瑋答道：「就是因為會造成影響，我才要他們早點理解他們身處的大環境是什麼樣子。重點不在所謂的意識形態，而是他們也能夠了解這個社會發生了什麼事，訓練思考，用他們的價值觀去選擇、去判斷。」演出結束後一行人到夜市去吃宵夜，大家玩得不亦樂乎，這一刻，我真的有一種我們是一家人的感覺。

當晚，為了一圓小張和「家人」一起去吃「吃到飽」的夢，大家一起去火烤兩吃，說真的，帶這些正在發育的小屁孩來吃吃到飽真的是太划算了。三個阿弟仔把餐廳裡所有的肉類最少都吃了兩輪以上，當然火鍋料與海鮮也沒放過，飲料更是一杯接一杯的喝，吃完之後有甜點跟冰淇淋，最後還要再玩幾輪划拳，輸家要把杯子裡的餐的亂七八糟醬料、湯汁、飲料……之類的鬼東西喝掉的遊戲。這些不就是我們一般和家人、和最親的朋友之間相處的光景嗎？那麼簡單的一個相聚，對這些安置少年而言卻成了一個期待已久的夢。吃完燒烤之後，大家還一起去打撞球，十個大人小孩分成三隊擠在一張球檯上較勁 PK，就算引來旁人的側目也沒關係，因為我們是家族一起出遊呀。

　　晚上回家洗完澡之後，大家一起坐在客廳裡分享彼此的心情以及風箏計畫即將結束了的感想。
聽完三個少年各自的分享，換我們大人們也說說自己的心情，而輪到浩瑋分享的時候，他則是站起來像我們所有人致歉，大家一時還沒反應過來，銘仔就問：「你幹嘛要道歉？」浩瑋說：「這趟旅程自己的情緒起伏常常造成大家壓力，我覺得很抱歉。這趟旅程感覺好像是我們大人在帶著你們學習，但其實我們自己也因為跟著你們一起旅行，而學習到很多。**其實大人也是會犯錯的，既然有錯就應該要認錯，所以我要跟大家道歉。**」語畢，浩瑋站起來向大家九十度鞠躬致歉。銘仔見狀立刻說：「你道歉要叩頭啊！」意思是要浩瑋用頭去鞠躬敲桌子。銘仔的一句話馬上把氣氛轉到歡樂的抬槓，剛剛還在認真道歉的大人，瞬間變成屁孩幾個人你一言我一語的針鋒相對，回到家園前的最後一晚，大家還是一樣熱鬧，整個屋子充

滿了彼此的笑聲。

　　隔天八點半鐘，少年準時起床，開始收拾行囊並打掃民宿，和主人阿嬤道別後，走中橫公路穿越清境、合歡山等地，沿途風景美麗，少年在車上放聲唱歌，並沿途停下休息合影。這條路他們四天前才走過，到家的距離也是僅剩的相處時光，兩台大車在中橫公路上奔馳，途經清境的時候銘仔看見遠方有人在放風箏，嚷嚷的要下去拍照，大家也順道再下車休息一下。其實大家也是不想分離的吧，只能用這樣走走停停的方式，緊緊把握最後相處的時光。

　　一趟路從上午十點開到下午五點，回家如同回到「不自由」，旅程在「近家園那一刻」象徵性的結束。我們抵達家園的時候，阿嬤已在門口迎接大家，給三個阿弟仔深深的擁抱。一直到吃晚餐的時候，我們都覺得不可思議，因為我們竟然把小孩毫髮無傷地給帶回家了！

　　晚餐結束後，我們舉辦了一個簡單的風箏少年結業式，家園裡的老師與其他留在機構的少年一起來到視聽教室聽聽這三個少年回顧自己的環島故事和心情，並且也聽一聽我們合力寫的歌獻唱給阿嬤。

　　給阿嬤的歌　　　　　　　　　詞：風箏少年　曲：余浩瑋

　　當我們一起走過那段旅程
　　在過程中也許有許多過程
　　但最重要的不是那些過程
　　而是我們都懷抱著不同的夢

這一切都是妳在背後為我們做

時間一點一滴過
看著歲月的臉孔
我不禁浮出莫名的感動
我不禁浮出莫名的感動

草仔粿 芋粿 還有菜脯可以賣
阿嬤妳做的這一切
我都有記著在心肝底

所以做了這首歌
我要送來給你聽
阿嬤 阿嬤
阿嬤 阿嬤

阿嬤妳一個老人家
為了我們這些囝仔
蓋了這麼大的地方
也為我們募款
因為你想給我們有家的感覺
謝謝阿嬤照顧我們
也那麼愛我

是安怎　你的眼眶紅
是誰人　他忍心放你一個人
爲什麼　你總是感到孤單
爲了誰　讓你未定未凍

這是你的笑容　這是你的心
不管是什麼事情你都不會放在心（肝）裡
雖然你（很）辛苦　大家都有看見
默默幫世界和這個社會

雖然開始會不習慣
但是慢慢就能好起來
你跟我們説
我們都是國家的棟梁
你説的每一句話
都是我們的依靠

是安怎　你的眼眶紅
是誰人　他忍心放你一個人
爲什麼　你總是感到孤單
爲了誰　讓你未定未凍

　　最後浩瑋與風筝少年合唱，當然沒忘拉杰董上台。教室裡坐在
台下的少年也跟著齊聲和，感動的氛圍連董事長與阿嬤也坐在台下

頻頻拭淚。最後阿嬤和董事長頒發環島的證書給四位少年，為活動畫下句點。

　　這一晚，就如同機構日常的夜晚一樣，時間到了，孩子們必須各自回小家就寢，沒有特別的不同。但一起走過這一百天的我們都知道，在二〇一四年有一群人，一起上山下海、走遍台灣，也在旅途中一起體會失望、憤怒、悲傷一起走過相信、包容與承擔。彼此心裡的傷口也因為坦誠而獲得療癒，彼此也會是彼此生命中難以忘懷的存在。風繼續吹，風箏也會繼續飛，用生命影響生命的旅途，不會有終點。

風箏計畫於 HO 覓舉辦的分享會。

上：風箏計畫於台東孩子的書屋分享，當天由阿埄教授街舞課程。下：風箏計畫於屏東某少年機構演出前，彩排完後大家吃晚餐，由機構提供的便當。

上：風箏少年與屏東女中蒲公英戲劇社一起上戲劇課。下：風箏少年應屏東大同高中美術班傅老師之邀，進到班上分享。

後　　　　　　　　　　記

風箏後記
余浩瑋

不管發生什麼事，我都不會把你們丟掉

風箏計畫旅程結束。我們帶著彼此的約定，各自踏上計畫後的生活。我也和家園約好了在年底回去辦感恩表演，我一心等著約定的時間到來，和阿弟仔團圓。但故事永遠不會這樣按照我們預期的方向發展……

十一月底，我在臉書收到小張傳來的訊息跟我說他逃跑了。問他到底發生什麼事？他只跟我說，他現在不相信任何人，要我也不要勸他回去了，他會照顧好自己，在外面好好過生活。

出乎意料的事情，還不只這樁，十二月中，看到銘仔在臉書上貼了一張不像是在家園拍的照片，一問之下，結果他也逃跑了！乍聽之下，真的很不是滋味，「風箏少年」現在都改當「逃跑少年」了嗎？我問銘仔他現在在那裡？要不要讓我去找他？當天晚上，我和瑋盛一起去和他碰面。

見到銘仔已經是晚上十點多的事了，我們問他有沒有打算要回家園，他說他只想要自己賺錢照顧自己，他不會做亂七八糟的事，只想要有自己的生活。他真的覺得不想住在機構裡面，覺得壓力好大，他想要透透氣，所以就跑出來了。

我試探性的問他，趁著你現在才出來沒幾天，要不要趕快回去，如果覺得和機構沒辦法好好地聊一聊的話，要不要讓我陪你一起回

去呢？然後也要記得跟媽媽聯絡，讓媽媽不要太操心，這樣好不好？銘仔說好，他知道。然後我們約定帶著他回家園。

約定一起回家園的那天，過了約定時間，銘仔還沒出現在新店站，又等了一小時，我們決定分頭行動：以軒、瑋盛、我妹留在捷運站等，我和淳善上去烏來他家找他。終於和銘仔的媽媽連絡上了，但她也不知道銘仔在哪裡，只知道前一晚她和銘仔不愉快，主因當然是因為銘仔從家園逃跑出來。

一瞬間，我不知所措。眼看若不搭車，我們就無法在約定時間到達家園。我靈光一閃，想起第一次和銘仔晚上見面送他回家的時候，他要我在他家附近一條巷子放他下來，說是要去找朋友，我想就去那條巷子裡面晃晃看好了，搞不好有機會找到人。走進巷子裡我邊走邊喊他的名字，叫了約莫三十秒，有個阿嬤探出頭來對我大叫：「這裡沒有這個人啦！」但我還是不想放棄，就繼續叫銘仔的名字邊往巷尾走去。

一個故事之所以神奇，就是發生在這種時刻。如果我被剛剛的暴怒阿嬤給嚇到打退堂鼓的話，我就不會在巷子底遇見今天剛好休假的賽夏族獵人叔叔，然後非常巧的是，他說銘仔現在就睡在他們家的房間裡！

我衝進獵人叔叔家，趕緊把銘仔叫醒準備出發。只見他迷迷糊糊地醒來，找到我妹給他的環島回憶相簿，抓著它才出去梳洗一下。我看著他這樣的動作，相信他最後會回到家園的，如果他真的打算一走了之，那我們一起經歷過的這些情感記憶，還有對他說的話，他大概真的都不會ㄔㄚ　ㄒㄧㄠˋ（台語）。

獵人叔叔說，昨晚他帶他們幾個年輕人一起上山去打獵，凌晨

四五點才回來。他早上叫銘仔起床，但他怎樣也叫不醒。然後他說，附近這群不愛念書的孩子他幾乎每個都認識，不喜歡念書沒關係，他帶他們上山學習生態、嘗試打獵，起碼有件事可以學也可以把他們帶在身邊，然後我們接著討論原住民「夠用就好」的生活模式之後，我滿懷謝意和獵人大哥告別，趕緊和大家會合，火速前往埔里。

到埔里已經五點了，距我們和阿達約的時間整整晚了一個半小時。一到家園門口，阿嬤立刻過去給銘仔一個深深的擁抱，然後問他是不是阿嬤這裡讓你吃不好、生活不好？為什麼你又要跑掉？

今天的晚餐非常豐盛，因為是冬至的關係，謝和弦的哥哥、嫂嫂與媽媽特別到家園為大家手工製作窯烤披薩，希望給孩子度過一個溫暖的節日。

是啊，住在家園那麼好，有人關心、有人照顧、有人為他們做這麼多。眼前這塊手工披薩，在外面一個要賣兩百五十元呢！聽說過兩天的平安夜，這些年輕人還會一起到外面的餐廳去吃到飽！那為什麼有的孩子還是想要逃跑？

用完了豐盛的晚餐，等到八點阿旺也回來了，和阿達聊過之後，阿旺也決定先好好地做好他洗衣廠的工作，如果之後想學鼓的話，他會自己存錢買到鼓之後再和阿達一起學習。說真的今天真是辛苦阿達了，他今天其實腸胃炎，先是在外面吹風等我們好久，然後又進來家園為了阿旺的出路和董事長與主任懇談，真是謝謝他。

今天的任務算是告一段落了，明天我還要去台中找另一個「逃跑少年」小張聊聊。

機構裡的孩子都想要離開，因為這裡不自由、被管制，但是機構希望可以替孩子做的是他們待在這裡的時間不要只是白費，而是

可以帶領他們去找到自己的未來與方向。甚至可以這麼說，今天所有因為法院判決途徑而來到家園的孩子，似乎都忘記了他們之所以會在這邊，是因為他們犯過一些錯誤，所以才來這裡接受調整的。但我們在談的，也不是要用懲處取代關懷，只希望找到一個方式能讓他們明白之他們所以會來到這裡的原因，還有應該要怎麼樣才能好好度過在這裡的時光吧，大概是這樣。

什麼才是完美結局？

十二月下旬，我們就要到台中和逃跑一個月的小張碰面了。董事長特別交代，很希望小張能回來，但我實在沒法拍胸脯保證，因為他如果不想回家園，我也不可能硬帶他走。

下午一點，我和瑋盛到台中火車站等小張，因為沒有他的手機，所以我和瑋盛分開站在兩個地點等他，就怕錯過了。我站在火車站前，看著人來人往，想著等會兒見面要和小張說什麼才好。在我千頭萬緒之際，瑋盛打了電話過來說小張出現了。

和這小子整整一個月沒見了。果然在外面自己過生活讓他變得比較滄桑一些，他染了頭髮、穿著一件和他年紀看起來完全不搭的寬鬆牛仔褲、臉上長了些痘痘、手上多了一些因為做粗工而新添的傷口。看著眼前的這個少年，才十四歲！他離開家園的這段時間，讓他沾染了些世故和自我保護的氣息；但我開他玩笑的時候，他靦腆的笑容裡還是保有一絲純真。

接到人後，我們三個人先飽餐一頓，然後去咖啡廳聊聊他這段

時間的生活。他說他想跑是因為不知道自己究竟還要在機構裡待多久，剛好另一個家園裡的孩子也想要跑，兩個人就結伴逃跑了。剛出來前幾天小張都住在媽媽家，直到縣府的社工找上門。縣府社工先是找到小張，然後小張說他要和他一起出來的少年一起回去，然後就在找到第二個少年的時候，兩人打了個逃跑的暗號，接著就趁著社工不注意，兩個人從他面前一溜煙地逃走，在巷子裡躲了一個小時之後，才把社工給甩掉，從那天開始，他們就寄生在其他的朋友家。

聽他說這些故事的時候，我都可以感同身受那種在躲藏的不安與緊張帶來的情緒震盪。而明明只是個十四歲的小孩，應該要平靜的成長，但卻過著逃跑、躲藏的日子。

小張接著說，後來他們朋友介紹做臨時工，在工地裡跟著一些「師傅」蓋房子，一天的薪水一千三，可是「老闆」要抽三百。我問他，那你現在不也存了點錢？他說，上個禮拜他生病都沒去上班，存的錢也差不多花光了。我問他有沒有去看醫生？他回沒有啊，身上也沒有健保卡，就自己買成藥來吃，邊說話的同時還邊咳了好幾聲。

接著小張問了我其他風箏少年的近況。我跟他說了杰董、銘仔的近況，接著聊到阿旺。我說阿旺他最近很認真的在洗衣廠工作，做得很好喔，老闆很喜歡他，收入也不錯。沒想到小張聽完阿旺的近況之後，第一句冒出來的話竟然是覆述家園裡的一位虎哥老師（化名）的話：「阿旺做那個工作很沒出息！」

我問為什麼做洗衣的工作沒出息？阿旺他做得的很好，很肯學，老闆也很願意栽培，他很認真的在他的工作領域上投入，有什麼好

沒出息的？如果按照虎哥老師的邏輯，那你現在做工地，不是更沒出息嗎？你會覺得你沒出息嗎？

小張聽了這些話，沉默了一會兒。接著我拿出我妹洗好的環島照片給他看，然後也給了他一本風箏計畫的成果紀錄，我們有一搭沒一搭的聊著。接著我問他：「你今天想跟我回家園嗎？」小張回答：「不想。」

我也告訴小張，很多時候，也不是老師們不願意去了解你們的心情。老師很辛苦的為你們做很多事，但是你們都不知道。你們在家園裡看老師不爽就想弄他們，就像昨天銘仔在家園裡嗆了小叮噹老師（化名），還說要找他釘孤枝。銘仔的行為這麼欠揍，結果小叮噹老師也是笑笑的，而且昨天晚上他一個人在辦公室工作到一點左右，也是為了你們在做很多文書作業，這些你們都不知道對不對？

小張眼睛看向另一個地方，點點頭，說了句：「嗯。」

我說：「最起碼你也要讓他們知道你的想法，他們才會知道該用怎麼樣的方式和你們相處啊。」

小張依舊只是嗯了一聲。

拖著疲憊的身體回到家園，但想到小張他說他願意回來，我們也打起精神想要跟主任說明今天的經過。但故事永遠不會照著我們想的那樣順利發展……

我們趕緊跟主任聊今天和小張會面。談完之後，我問主任，等等可不可以去找銘仔聊一聊呢？主任建議現在還是不要好了啦，我還是第一次見到他露出這麼真心、這麼為難的表情。原來這段時間裡面，其實家園的老師對我們有很大的意見，因為我們不按體制的規範和孩子互動，對他們而言很困擾。

我聽了不大服氣，說：「那不然你請老師他們過來，我可以一一的跟他們說明，如果他們對我們有任何想法，也可以讓我知道。」

主任說：「要怎麼說？把你們分成兩邊，然後我在中間當裁判，一人講一句嗎？」

我說：「其實家園老師私底下怎麼講我們，孩子也都會跟我們講啊！」

「唉呀，就算你要跟他們講，人家也不一定會願意要跟你講啊！」聽到這句話，更讓我的戰力瞬間提高，都忘了肚子餓的事。這時，小八老師（化名）剛好走進辦公室。「小八老師，來，你是不是有話要跟我說？」

小八老師不想加入戰局，「蛤……沒有啊！」

「你確定？你們不是對我們有一堆想法嗎？來啊，我現在就在你面前，有什麼話你就講啊！」

小八老師：「就真的沒有啊……我現在要先去忙了。」

我緊追不捨，「欸，你們是什麼時候加入戲劇社的啊？怎麼每個都這麼會演！」

小八老師：「唉呦……要講的話，要邊抽菸邊講啦……在這邊我講不出來啦！」

我拉著他正準備走去抽菸的同時，虎哥老師（化名）也走進辦公室。我一看大魔王出現，戰力瞬間飆到最高，馬上把準星……喔，是焦點，對到他身上。

我說：「老師，怎麼樣，是不是有話要跟我說？」

虎哥老師看都不看我一眼，只顧著收拾東西。

我說：「還說沒有，你就最多話啊，來說給我聽啊！」

虎哥老師當作沒聽到，沉默地走向另一張辦公桌。

「欸，明明就有不要裝傻啊！你們怎麼一個比一個還會演啊！」

小八老師拉著我離開辦公室。我們才在中庭上坐定，虎哥老師就從辦公室裡走出來。

我大叫：「虎哥老師！不要走啊！來啊把話講清楚啊！」

虎哥老師只是頭也不回地往餐廳走去……

我抱怨道：「主任，你有看到嗎？他完全把我當空氣欸！完全不想跟我對話啊！」

主任說：「喔拜託，你不要把他們弄到最後全部都要跟我辭職好不好？」

主任這一說，我才罷休。拿出了我們在家園住宿房間的鑰匙還給主任。「我想我如果繼續在家園出現，應該會造成你很大的困擾吧……那我看我今天就和瑋盛自己去外面住好了，不要留在這裡讓你難做人……」沒想到，主任竟然完全沒有一絲要挽留我們的意思，我才發現事情的嚴重性。

終於走到可以抽菸的地方，我菸都還沒點上，小八老師就開門見山地問：「所以銘仔這次逃跑是去找你嗎？」我真是跳到黃河都洗不清。

就如同之前所說的故事，我也對小八老師據實以告。老師接著問：「聽說你們在環島的時候讓他們上網？這樣的事情傳回家園，對其他的孩子來說，感覺好像他們在外面的生活很愉快，也會影響到他們的心情，讓他們想逃。」

我告訴小八老師，我們不只帶他們上網，還帶他們去打撞球、

去吃到飽，但是每一次出去玩都會給他們一個功課，而他們也願意遵守約定，所以我們才會陪著他們去做他們想要做的事。小八老師又問：「聽說你們還讓他們去見朋友？」我解釋，這也是他們完成約定的獎勵。小八老師聽完之後，表情放鬆了一些。我說：「我知道我們的做法和你們的管理原則有很多衝突，但也是希望家園老師能了解，這是在體制之外的我們所想出來的辦法，或許這是一個實驗，但我們也很希望你們能看見用這樣的相處模式，能夠給他們帶來不同的影響，就像這一次他們的逃跑，我們也願意和他們接觸，並且帶他們一起回來家園面對。」

「喔！想不到你們這個計畫還有售後服務喔，並不是結束之後就拍拍屁股走人。」說完，小八老師才同意帶我去見銘仔。

再一次進到了孩子在家園裡生活的小家，倍感親切，大家各做各的事：有的少年在客廳看電視、有的在串門子，但相同的是，每個人都只穿著內褲走來走去。孩子看見我們，臉上都充滿興奮又好奇，還帶著一點好久不見的害羞神情。我進了銘仔的房間，打算跟他聊聊，只見大家藉故進進出出，想要聽聽到底我要和銘仔說什麼。

我：「還好嗎？」

銘仔：「穩啦！」

我：「穩個屁啦，每次都說穩，結果咧？聽說你昨天嗆老師喔？」

銘仔：「是他太白目啊！在那邊看看看，不知道在看三小。」

我：「老師看你一下你就要嗆他喔？你這個吉娃娃，你真當自己是狗喔？！」

銘仔：「反正我就是看老師不爽啦，他們根本就不了解我們在

想什麼。」

我：「你們每次都這樣嗆老師，就算老師他們很多時候想要幫助你們，也會因為你們這樣的態度感到疲累啊，一跟你們互動就被你們嗆、被你們弄，只讓他們覺得累，你們的關係也會變的很緊繃啊，相處起來不就都很不快樂？」

銘仔一陣沉默。

我：「啊老師今天有沒有跟你說什麼？你開學之前要幹嘛？」

銘：「有啊，他們叫我去廚房幫忙。」

我：「很好啊！這樣剛好可以把你之前學的都用上。」

銘仔：「哪裡好啊？三餐都要去做欸，午餐、晚餐我 OK，可是要做早餐，很早就要起床幫忙！」

我：「啊你就自己起床啊，做廚房你又不是沒經驗，而且你好好做的話，老師他們也會對你改觀啊！而且你不是有鬧鐘嗎？啊你就不會自我要求一下喔？」

銘仔：「欸！我我留・忙・ㄟ！留在家裡幫忙……」

我：「你北七喔！」

銘仔：「其實我現在就是超想玩的，根本就不想待在家園。」

我：「啊你就會想一下啊，你好好的待完，出去之後，你愛怎麼玩就怎麼玩，但如果你又跑了，你的日期又要重算，你是打算要在機構待到幾歲啊？你要你自己四十歲之後都還是現在這個樣子嗎？」

銘仔：「啊我就管不住自己啊……（沉默一會兒）可是，如果讓我跟在阿嬤身邊或是跟在董事長身邊做事，那我就一定可以好好的待完。」

我：「是嗎？爲什麼？」

銘仔：「因爲他們會管我啊，他們唸我的話我就會聽，如果跟著他們的話我就一定可以好好的待完在機構的時間。」

我：「那你爲什麼不能自己管好自己？」

銘仔：「啊我就是管不住自己嘛！我哪知道！我留・忙・ㄟ！留在家裡幫忙…」

我：「你北七喔！！！」

銘仔：「那你去幫我跟董事長說嘛？」

我：「要說你自己去說啊！幹嘛要我幫你講，而且你自己講比較有誠意好不好！每次自己的事都要別人幫你說，你很遜ㄟ！」

銘仔：「你挑釁我喔？我留・忙・ㄟ！留在……」

我打斷銘仔，說：「我跟你說，文字語言都會有力量，只要你敢說出來，成功的機率就會很大啊，這叫『吸引力法則』，懂不懂？如果你總是覺得自己會失敗，你想的事情就越不可能成功，你知道嗎？」我們就這樣對話了一陣子，銘仔轉移話題，開始跟我介紹他們房間裡的很多小玩意兒，其他孩子也陸續進來房間跟我們打屁哈拉，一個穿著內褲的阿弟仔找我說話。

內褲弟：「浩哥，如果你來家園當老師的話我們一定很開心，感覺你很瞭解我們，如果你在家園的話，我們應該都會很願意待在這裡。」

其實聽到這些話，我也是百感交集。畢竟他們願意信任我，我當然開心，不過這時腦海中浮現了主任超級爲難的表情。

我：「跟你們一起生活一定很好玩！如果有機會的話，我會跟董事長問問看，不過要是我不能來當老師的話，也一定會很常回來

找你們玩的。」

阿弟仔聽了，臉上浮現滿足滿意的表情。

我：「但你跟我講的這些話，不要跟別人說，知道嗎？」

內：「爲什麼？」

我：「因爲他們花了很多心思在你們身上，而且也很照顧你們。所以你們也要跟老師們好好的相處啊，如果願意把你們的心打開，老師他們也一定會願意去傾聽你們的聲音啊……」阿弟仔只是嗯嗯了幾聲。

我：「好啦，我和瑋盛晚餐還沒吃肚子很餓了，而且我們晚上要去找地方住。」

內：「你們今天沒有要住家園喔？」

我：「沒耶，我明天要去阿里山，所以住外面比較方便。」但根本就不是這樣啊！！眞是欲哭無淚。

內：「好的，那下次來看我們的時候要帶禮物喔。」

內：「誰理你啊！！」

眼看時間也晚了，我們告別了一票穿著內褲的阿弟仔，跟小八老師報備過，跟警衛大哥話別完，就開車離開家園。我和瑋盛去吃了一頓情緒低落的晚餐，然後找了間鎭上的旅店落腳。沒想到一進大廳，竟然看見阿嬤的照片掛在旅館牆面上，又不免感慨了一下。我和瑋盛有一搭沒一搭的聊著，然後瑋盛看著電視睡著，我則是把握筆電在身邊的時間，記錄風箏計畫的後續，因爲隔天得要把身邊這台電腦送回阿里山，交還給當初借給我們使用電腦的阿輝。

那天離開家園之後，接下來我又再去找了小張兩次，小張終於肯回到家園，然後歲末風箏少年大合體，一起在家園的感恩餐會上

表演。緊接著在跨年前，又發生了一次逃跑事件，這讓家園老師對我們的成見更深了……至於從家園警衛那邊聽到的老師們口中說出的驚天八卦……那又是另一個故事了。

側寫少年
成瑋盛

　　一開始以爲自己和這些阿弟仔年齡比較相近，就能夠比較瞭解他們一點。但後來發現，這些年輕人對於人的信任度眞的很低，也很難眞正的對你敞開心房。有時，他們做了很多讓人難以理解的蠢事而不知所措；有時，他們講話的態度很差，很想把他們的頭給全部扭斷；但有時候，卻也會因爲他們對你說出很多的眞心話而感到感動。我常覺得跟這些少年相處，就像每個時刻在坐雲霄飛車一樣，時而讓你願意相信他們感受到安心，但後來卻又會發生晚上偷跑出去打網咖，或是白天睡醒，突然發現他們不見這類令人驚心膽跳的事情。當他們做到承諾的事情，我就開心，但又會因爲他們不會爲別人著想而感到難過，也許和這些少年相處眞的就是一趟奇幻之旅，或者是另類的修行吧！

　　八月在家園看到這些少年一臉不服從的屁樣，到了旅程正式開始，他們能夠站上台分享自己的故事，能夠創作表演和夥伴合力樂團演出，這些都是當時在家園所看不到的樣子。看著他們到全台灣個安置機構裡表演、分享自己的故事給跟他們自己一樣的年輕人時，那樣的畫面給我很大的衝擊。他們過去也都是這樣，坐在台下聽著別人分享故事和表演，如今他們居然可以站在台上，擔任「給予」和「付出」的角色，我猜他們自己從沒料想過，自己可以成爲一個改變、影響別人的人。

　　在這旅程當中，我發現他們想要擺脫從前的自己，但面對挫折又顯得無力。在我眼裡，他們眞正缺乏的是堅持下去的勇氣，和面

對事情的抗壓性。像銘仔，遇到自己不順意的事情，就會亂發脾氣、擺甩態；像阿旺，遇到壓力就想不斷逃避，然後失心瘋，只聽自己想聽的話；杰董老是把「放棄」兩個字掛在嘴邊；小張則是表面故做鎮定，其實只是不悅往肚裡吞。「逃」這樣的字眼，往往一直住在這些少年的心中，遇到困難就逃避，做錯了事就逃跑；時常以自我為中心，聽不進別人的勸，或許他們就是這樣的少年吧，但或許他們能像我們希望的那個樣子，或滿足這個社會所期許的那個樣子，或許他們真的會想一點，那或許，他們現在就不用住在機構裡了吧！

　　我從小就在一個很完整的家庭長大的關係，我看見他們所缺少的，自然而然就希望我能夠把我擁有的也分享給他們。每次被這些阿弟仔弄得快要生氣時，我總會想到這一點。我希望在這趟環島的旅程中，我擔任的不只是拍攝紀錄片這樣的角色而已，而是能夠像朋友一樣，牽起他們的手，陪伴他們一起走完這趟旅程的夥伴。我想，他們有一天也能夠擔任起牽起別人手的那個角色。

我哥哥和他的風箏計畫
余佳璘

　　從風箏計畫一開始到現在，和這群少年相處時間比自己預期的多了更多。現在面對少年的心情，既不是坐在台下看著他們表演的觀眾，也不是每天早晚三餐跟他們相處著的團隊老師。某一部分是被風箏計劃還有這群屁孩們吸引著，說他們特別其實也不特別，生活在一起的時候還是可以感受到那種白目爛軟的孩子氣。

　　記得有一天和一位少年聊天，他跟我說，他媽媽的朋友都覺得他很可怕，因為少年穿著全身黑，看起來一臉兇樣，又開著車。聽完這句話後，我仔細感受了一下，當下完全感覺不到坐在身旁的他有一絲絲的殺傷力。

　　為什麼有這麼不同的感受？相同的感覺也發生在其他少年身上。

　　看起來踐八的走著、總是聳肩總是大罵髒話的少年，也有細心地教著比他們年紀還小的孩子跳舞、哄著他們、稱讚他們的時候，能和同年紀有著相同背景的少年們battle街舞，那些在農田間翻滾嬉笑怒罵的畫面，這真的是被別人貼著標籤的少年？真的是成人世界裡害怕的他們？

　　如果是因為這趟旅程下來的陪伴，改變了我的想法，難道其他對於少年不了解的人就不能嗎？好像只要多一點相處跟關心，一切都會不一樣一點。少年跟有相同背景的少年分享他們生命的故事，是一件很勇敢的事，回想起自己當年、甚至現在的自己，要面對自己的傷痛，甚至還要跟別人分享那些感受，要說出口的同時，自己都會哽咽吧！

我從來就自覺無法和小孩或青少年相處，總會覺得世界不同，不過後來想想，孩子真的是孩子？而我就真的是大人？現在的我們，不過是披了好多層外衣掩護的成人罷了，最終心裡想要的，其實跟孩子想要的都是一樣的吧？！——大家一起開心的在車上唱歌、玩著整人的戲碼，吃著國中生的營養午餐，聽著笑點很低的笑話大笑，看著一樣的彩虹，心裡想要的自由，還不承認？我們不都一樣嗎？

片尾資訊 感謝名單

紀錄片出資贊助：財團法人良顯堂社會福利基金會

風箏計畫主要贊助：福特汽車

風箏計畫贊助夥伴：財團法人良顯堂社會福利基金會、感恩基金會

協辦單位：陳綢少年家園、青藝盟、奧美公關

精神領袖：陳綢

計畫發想：韓定芳、邱子珆

計畫顧問：王玥、蕭麗虹、吳明賢、林瑜珍、曾進勇

計畫主持：余浩瑋

營隊師資：韓定芳、王佩瑄、陳以軒、李樹明、陳彥竹、吳忠良、廖邱堃、余
　　　　　浩瑋、林家鴻

營隊助教：薛捷鴻、成瑋盛

環島陪伴：余浩瑋、李樹明、成瑋盛、陳彥竹、王佩瑄、陳以軒、張淳善、余
　　　　　佳璘、廖邱堃、林源欽

文字紀錄：張淳善

行政執行：邱子珆、張淳善

後勤支援：張宛宣、黃南瑄、呂采如、楊敏兒

視覺設計：葉嬡儒

紀錄片拍攝：陳以軒、王佩瑄、成瑋盛

合作夥伴：台灣少年權益與福利促進聯盟、感恩基金會、聯電基金會、惠爾青
　　　　　少年服務中心、竹園工作室

參與夥伴：財團法人慈懷社會福利基金會—慈懷園中途之家、家扶基金會—基
　　　　　隆家庭扶助中心、中華基督教以琳關懷協會-以琳少年學園、財團
　　　　　法人基督教更生團契附設桃園縣私立少年之家、財團法人淨化社
　　　　　會文教基金會附設新北市私立普賢慈海家園、中華民國更生少年
　　　　　關懷協會—台北市希望家園、向陽公益基金會—新竹市向陽學園、

財團法人天主教瑪利亞方濟各傳教女修會附設私立米可之家、衛生福利部少年之家、新竹縣立寶山國中莒光分部、新竹縣立竹東國中、新竹縣立竹北國中、社團法人中華牧羊人青少年關懷協會（苗栗辦事處、彰化辦事處、雲嘉辦事處、台東辦事處、花蓮辦事處）、財團法人天主教善 牧社會福利基金會—德幼之家、財團法人中華福音道路德會斗六靈恩堂（雲彩少年學園）、活佛洛本天津仁波切創立蔣揚慈善基金會暨鹿野苑關懷之家、財團法人台灣基督長老教會加利利宣教中心附設臺南縣私立希望之家、社團法人黃絲帶愛網關懷協會、財團法人天主教聖母無原罪方濟傳教修女會附設高雄市私立康達家園、高雄市政府社會局安琪兒家園、屏東縣私立青山育幼院、財團法人善慧恩社會慈善基金會—飛夢林兒少家園、財團法人屏東縣私立基督教沐恩之家附設亞當學園、孩子的書屋、基督教芥菜種會附設花蓮少年之家、屏東女中戲劇社（蒲公英劇坊）、屏東縣立大同高級中學、離線咖啡

環島 9 人座提供：福特汽車

環島休旅車提供：何懷安

設備器材支援：廢核行腳、楊士毅、嘉友電子

特別感謝：官小官、呂山豬、何蕙萍、江育達、何信輝、林智偉、鄭捷任、賀連華、薛喻鮮、簡瑞鴻、林科呈、陳秋華、陳秋帆、彭秀春、林源欽、莊正燈、梁聖岳、孔德偉、黃琳群、黃敏潔、賴丁丁、蘑菇泥、吳忠良、蕭麗虹、徐華懇、胡德夫、林家鴻 邱翌瑄、于宗勇、林偉傑、謝天地、游春枝、余鳳儒、郭苡莘、關有仁、許光輔、蕭瑾沂、陳嬿如、小蓁姐、陳韻如、簡端良、林志翰、林蓁、王鐘銘、朱家蒂 郭盈秀、何懷安、林姵伶、方智勇、許嘉恬、官宏一、黃佩櫻、張進益、陳俊元、稻子米、汪宜儒、曾瑞蘭、葉大華、吳政哲、王筱芳、廖國欽、謝幸恩、張皓期、張家明、陳逸軒、巴奈‧庫穗、依斯坦達霍松安那布、BECKY、Lisin Haluwey、王倩怡、瑪莎、索居、漁人貓小食、暖暖蛇咖啡、老屋町、農糧小舖、

HO 覓藝文實驗研究所、有人在家 三餘書店、丁丁小吃部、ILA 音樂餐廳、竹南咖啡、何歡劇團、阿美客、鐵花村、離線咖啡

住宿支援：

台東＿有人在家

宜蘭＿武荖坑旁邊

新竹＿農糧小舖

苗栗＿秀春姐

台中＿阿塱家

埔里＿索居 陳綢少年家園

雲林＿老屋町

台南＿曈

高雄＿六合客棧西子灣新棧

屏東＿ＨＯ覓藝文實驗研究所

花蓮＿林蓁家

國家圖書館出版品預行編目 (CIP) 資料

老師，我可以叫你一聲爸爸嗎？／余浩瑋 著 – 初版 . –
臺北市：紅桌文化 , 左守創作 , 2017.09
272 面；14.8*21.0 公分
ISBN 978-986-92805-8-7（平裝）
1. 教育 2. 文集
520.7　　　　106014689

老師，我可以叫你一聲爸爸嗎？

作者	余浩瑋
文字紀錄	張淳善
攝影	陳以軒、李樹明、成瑋盛、王佩瑄
美術設計	好春設計・陳佩琦・haospring@gmail.com
總編輯	劉粹倫
發行人	劉子超
出版者	紅桌文化／左守創作有限公司
	10464 臺北市中山區大直街 117 號 5 樓
	傳真 02-2532-4986
	undertablepress@gmail.com
印刷	約書亞創藝有限公司
經銷商	高寶書版集團
	11493 臺北市內湖區洲子街 88 號 3 樓
	電話 02-2799-2788
ISBN	978-986-92805-8-7
書號	ZE0128

2017 年 9 月初版
新臺幣 350 元

臺灣印製
本作品受智慧財產權保護

特別感謝「財團法人感恩社會福利基金會」贊助出版

紅卓文化
Under Table Press

紅卓文化
UnderTable Press